南开先生

NANKAI XIANSHENG

《南开先生》编辑组 编著

南開大學出版社

南开大学建校100周年

NANKAI UNIVERSITY
100th Anniversary

出版说明

巍巍学府，百年南开。

南开之于国家，时刻不忘立校初衷，秉承“知中国、服务中国”之宗旨，任何情形之下，皆勇为前驱。危难时，奋不顾身；素日里，全心服务。

南开之于社会，以大学之精神自立于百年间，一为社会育才，二赖社会扶持，始终自强不息，日新月异，无论顺逆荣辱，均一以贯之。是以精神者，不在其为何，而在其有无。

南开之于个人，聚个人而为团体，力改“愚、散、私”为“公、能、群”，故一入南开便为南开人，一出南开便为南开之形象者，如“嘤其鸣矣，求其友声”，终得其所，幸甚至哉。

有感于“南开”二字之分量，有意于彰明南开之根脉，我们编纂了《南开风物》与《南开先生》主题书。在多方搜集校史资源的基础上，分别以南开大学发展史上（截至1990年）有代表性的风物图片和曾执教、贡献于南开的部分先生之照片、手迹为主要内容，呈现百年南开的动人风貌和珠玉之光。

此书亦可作为笔记本之用，翻阅之外，记以心得，既回望历史，又书写新篇，与往事对话，与先贤神交，不亦快哉！

在编纂过程中，承蒙各方大力支持。校领导一直关心项目进展，校档案馆、博物馆、党委宣传部、新闻中心、校史研究室、各专业学院热情襄助，提供了大量图片材料；外语学院毕业生罗程建提供了自己收藏的证章图片，并附说明文字；校档案馆原副研究馆员李世锐先生提供了多幅南开老建筑图片；多位南开先贤家属慨然提供照片、手迹等珍贵资料；南开大学学生合唱团提供校歌演唱音频资料。在此一并深致谢意。需要特别说明的是，因编者能力及资料来源所限，书中内容难免挂一漏万，若有不当之处，恳请相关人士与我们联系。

编纂此书，也奢望能有如下成效：

给挚爱南开的朋友一个情感的落脚点；

给不熟悉南开的朋友一个认知的通道；

给憧憬和信任大学教育的朋友一个坚持的理由。

谨以此书恭贺南开大学百年华诞，敬祈世人共祝南开大学新百年再创辉煌。

南开大学出版社

2019 年 8 月

本书自 2019 年 9 月出版后，受到了师生、校友和社会人士热忱的关心与鼓励。应广大读者所盼，特对本书予以重印。本次重印，对原书内容做了必要的修订和完善；同时，蒙本校宁宗一教授惠赐多幅照片资料，不胜铭感，特此致敬。

南开大学出版社

2020 年 1 月

《南开先生》编辑组

策　　划：刘运峰　田　睿

编　　者：田　睿　李　骏　赵　珊
　　　　　叶淑芬　王　霆　秦宝林
责任编辑：王　霆

封面设计：胡白珂
版式设计：刘俊玲
排版修图：天津市天朗广告有限公司
责任印制：马　琳

允公允能 日新月異・南开先生

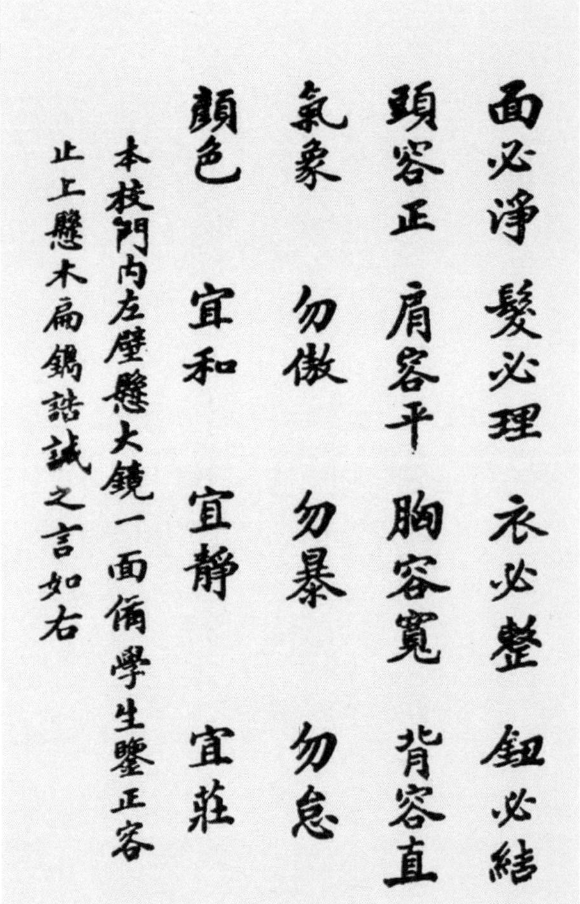

面必淨 髮必理 衣必整 鈕必結
頭容正 肩容平 胸容寬 背容直
氣象 勿傲 勿暴 勿怠
顏色 宜和 宜靜 宜莊
本校門內左壁懸大鏡一面備學生鑒正容
止上懸木扁鐫誥誡之言如右

严修先生为南开学校题写的“容止格言”

严修（1860—1929）

字范孙，天津人。教育家。南开学校的创办者和奠基人。曾任清末翰林院编修、贵州学政、直隶学校司督办等。1897 年上请开经济特科奏折，戊戌变法后归里倡办新教育，设立家馆。1904 年，与张伯苓赴日本考察教育归津后，改家馆为敬业中学堂，即南开中学前身；1916 年与张伯苓等开办专门部和高等师范班，1918 年赴美国考察大学教育；1919 年，与张伯苓等一道创办南开大学，1923 年增办南开女中，1928 年增办南开小学，被尊为“南开校父”。

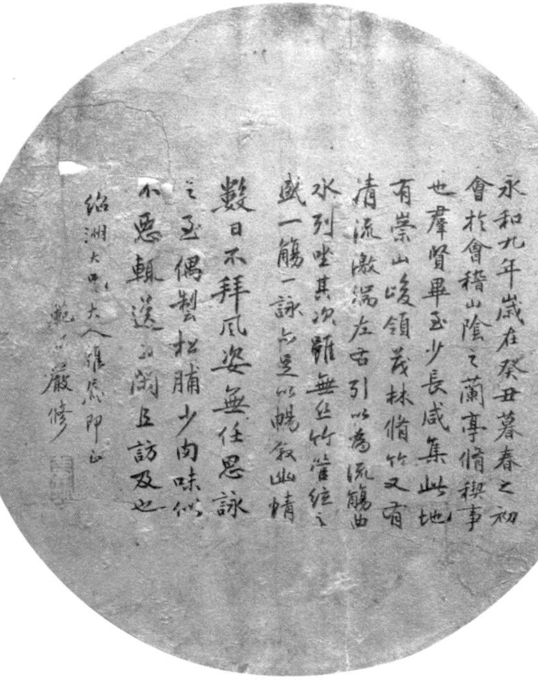
永和九年歲在癸丑暮春之初
會於會稽山陰之蘭亭脩禊事
也羣賢畢至少長咸集此地
有崇山峻領茂林脩竹又有
清流激湍左右引以為流觴曲
水列坐其次雖無絲竹管弦之
盛一觴一詠亦足以暢叙幽情
數日不拜風姿無任思詠

严修先生手书《兰亭集序》

严修先生

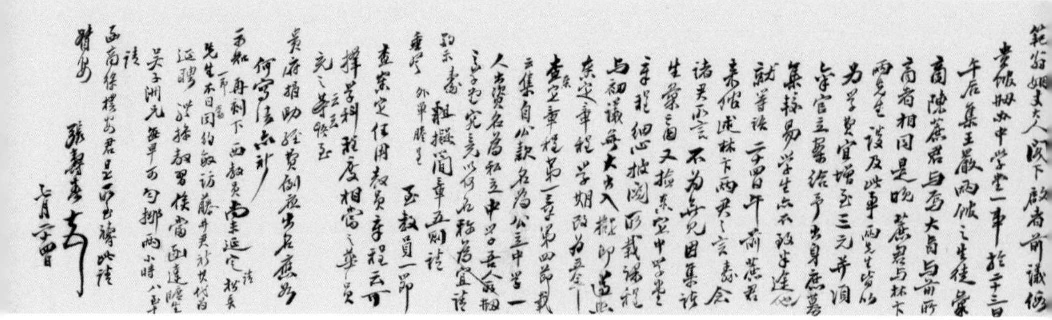

1904年张伯苓为创办学校事致严修函

张伯苓（1876—1951）

原名寿春，天津人。教育家。南开学校的创办者和首任校长。1894 年毕业于北洋水师学堂；1898 年开始在严修所设家馆教授西学；1904 年与严修等创办敬业中学堂并任校长；1917 年赴美国研究高等教育。张伯苓以教育救国为毕生信念，先后创办南开中学、南开大学、南开女中、南开小学和重庆南开中学，接办四川自贡蜀光中学，建立了完整的南开教育体系。张伯苓为南开学校制定了“公”“能”校训，指出南开精神即为“允公允能，日新月异”，躬行德、智、体三育并进的教育思想，知人善任，重视校风，为中国现代教育事业做出了卓越贡献。

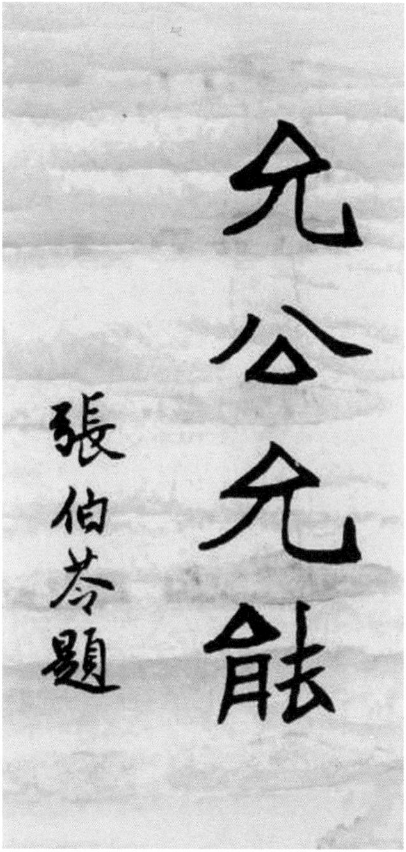

张伯苓先生手书南开校训

张伯苓校长

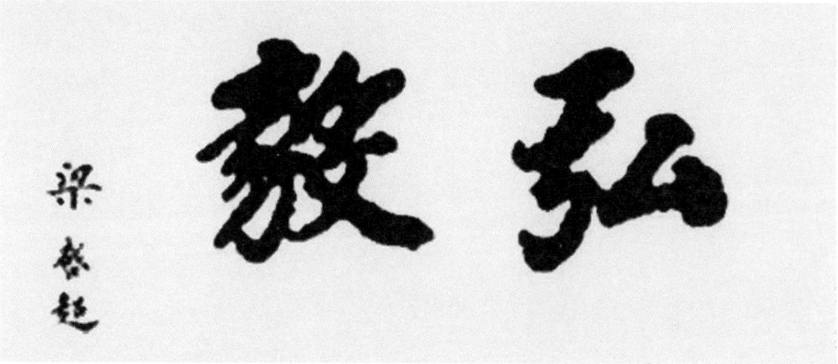

梁启超先生为纪念南开学校建校二十三周年手书“弘毅”二字

梁启超（1873—1929）

思想家、学者。1921 年，受张伯苓邀请，在南开大学讲授全校学生的必修课——“中国文化史”，后整理该课程讲义为《中国历史研究法（中国文化史稿第一编）》出版；1923 年与胡适等应聘南开大学暑期学校主讲。梁启超多次赴南开大学讲学、发表演说、指导学术、引进学人，甚而襄助募捐，对南开大学的发展功不可没。

章辑五（1889—1978）

体育教育家。1915 年，到南开学校任物理、英文等学科教员，兼任课外运动管理及童子军教练；20 世纪二三十年代，长期担任南开系列学校体育主任；1935 年，赴美国深造回国后仍任职于南开。

邱宗岳（1890—1975）

化学家。南开大学化学系创建人、理学院奠基人之一。1921—1938 年，任南开大学教授并兼任化学系系主任、理学院院长；1938—1946 年，任西南联合大学教授；1946—1975 年，任南开大学教授、化学系系主任；1946—1952 年，兼任物理学院院长。

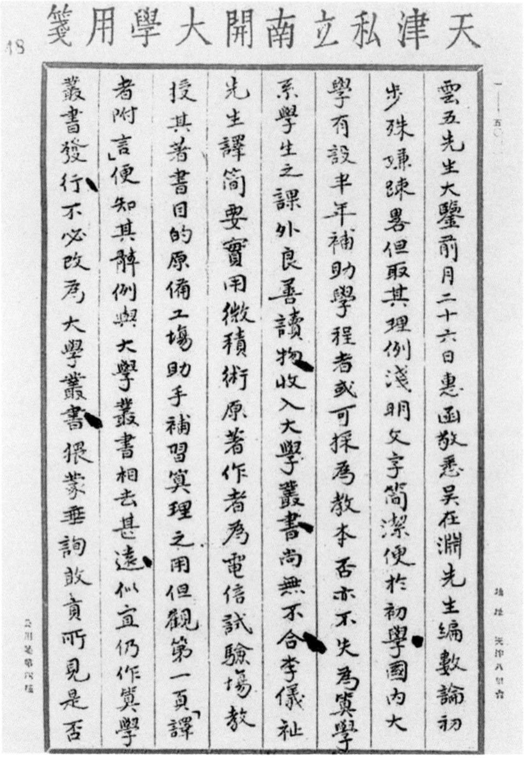

天津私立南開大學用箋

48

雲五先生大鑒前月二十六日惠函敬悉吳在淵先生編數論初步殊嫌疎畧但取其理例淺明文字簡潔便於初學國内大學有設半年補助學程者或可採為教本否亦不失為算學系學生之課外良善讀物收入大學叢書尚無不合李儀祉先生譯簡要實用微積術原著作者為電信試驗場教授其著書目的原備工場助手補習算理之用但觀第一頁「譯者附言」便知其體例與大學叢書相去甚遠似宜仍作算學叢書發行不必改為大學叢書猥蒙垂詢敢貢所見是否

姜立夫先生回复王云五先生关于“大学丛书”的信函

姜立夫（1890—1978）

数学家、教育家。南开大学数学系创建人。1920 年初，到南开大学任教，创立数学系并任系主任。抗日战争期间，随校南下任西南联合大学教授。1982 年起，南开大学设立了“姜立夫奖学金”。

饶毓泰（1891—1968）

物理学家、教育家。中国现代物理学研究的先驱者之一。1922—1929 年，任南开大学教授，创立物理系并任系主任；1937—1944 年，任西南联合大学教授、物理系主任。

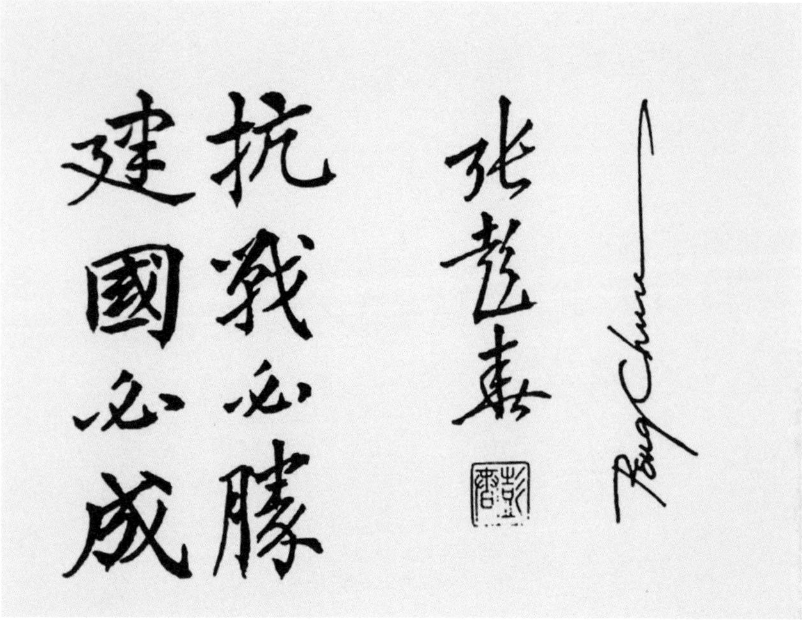

张彭春先生手迹

张彭春（1892—1957）

教育家、外交家、话剧（新剧）活动家、导演。1916—1918 年，任南开学校专门部主任兼代理校长，同时兼任南开新剧团副团长和首任导演；1919 年，任南开大学筹备部主任，主持制订《南开大学计划书》；1926 年，任南开大学哲学系教授。

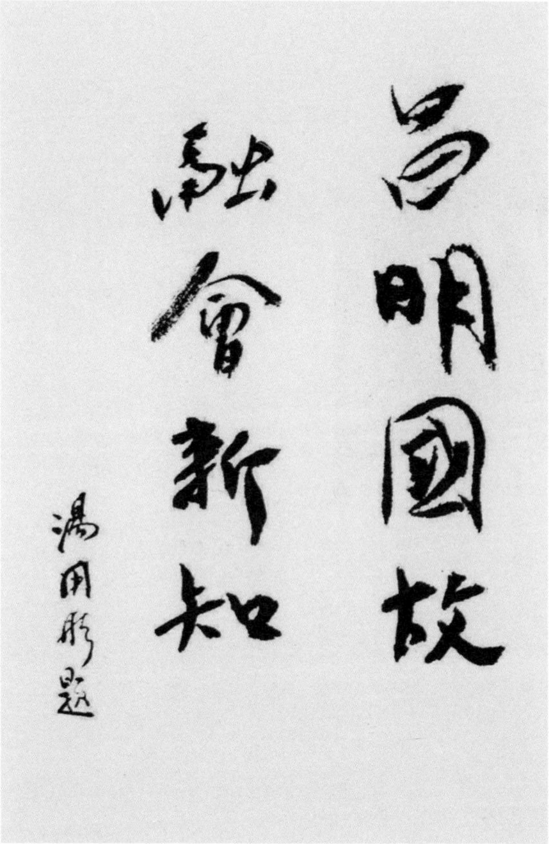

汤用彤先生手迹

汤用彤（1893—1964）

哲学家、教育家。1926 年，任南开大学哲学系教授、系主任。著有《汉魏两晋南北朝佛教史》《隋唐佛教史稿》等。

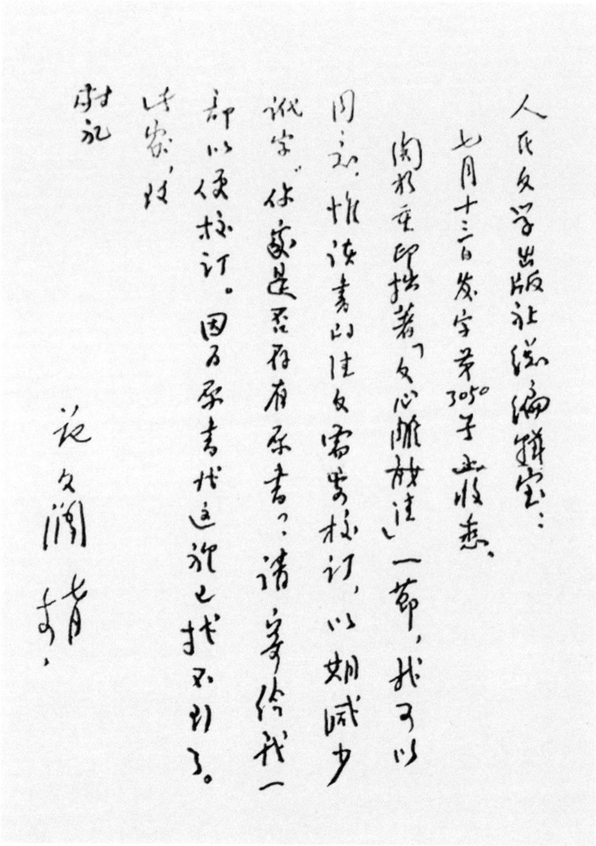

人民文学出版社编辑室：

七月十三日发字第3050号函收悉。关于重印拙著「文心雕龙注」一节，我可以同意。惟该书的注文需要标订，以期减少讹字。但贵社是否存有原书？请寄给我一部以便标订。因为原书我这里也找不到了。

此致

敬礼

范文澜
七月十九

范文澜先生回复人民文学出版社信函

范文澜（1893—1969）

历史学家。1922年，任南开中学国文教员，后兼任大学部国文教员；1925—1927年，被正式聘为南开大学教授。著有《中国通史简编》《文心雕龙注》等。

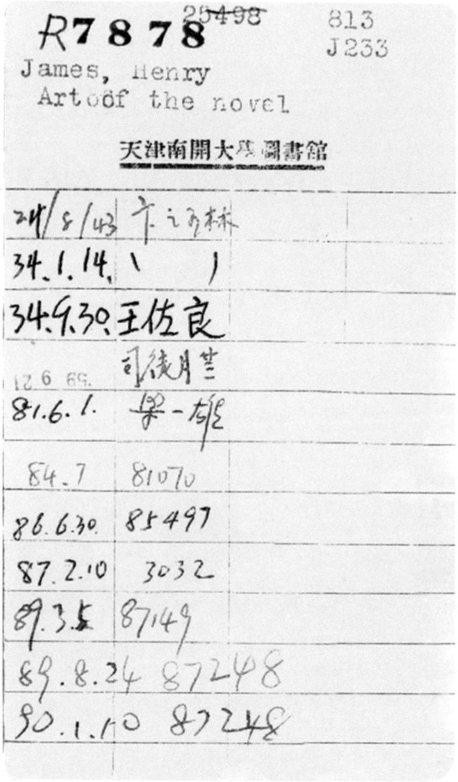
R7878 ~~25498~~ 813
J233
James, Henry
Art of the novel
天津南開大學圖書館

24/8/43	卞之琳
34.1.14.	〃 〃
34.5.30	王佐良
12 6 69.	司徒月兰
81.6.1.	梁一雄
84.7	81070
86.6.30.	85497
87.2.10	3032
89.3.5	87149
89.8.24	87248
90.1.10	87248

署有司徒月兰等先生签名的图书借阅卡

司徒月兰（1894—1985）

英美文学家、教育家。南开大学英语系奠基人。1922年夏，到南开大学任英文教师；1946—1949年，任南开大学外文系教授兼代系主任；1949—1961年，在南开大学外文系任教。1958年，与南开大学外文系同人合译小说《青春之歌》，共同署名“南英”。

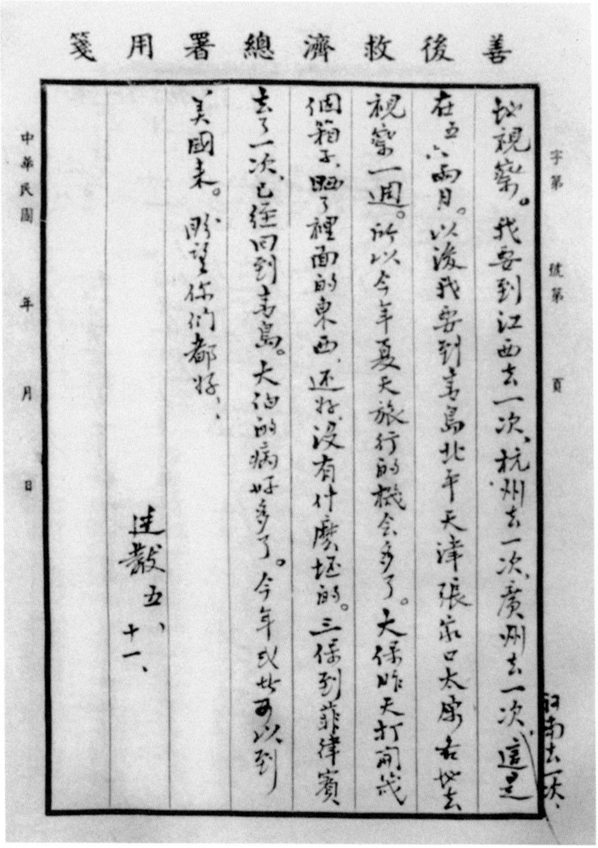

善後救濟總署用箋

字第　號第　頁

去視察。我要到江西去一次、杭州去一次、廣州去一次、湖南去一次、這是在五、六兩月。以後我要到青島北平天津張家口太原各地去視察一週。所以今年夏天旅行的機會多了。大保昨天打開幾個箱子，晒了裡面的東西，还好，沒有什麼壞的。三保到菲律賓去了一次，已經回到青島。大伯的病好多了。今年秋冬可以到美國來。

盼望你們都好、

廷黻　五、十一、

中華民國　年　月　日

蒋廷黻先生手迹

蒋廷黻（1895—1965）

历史学家、外交家。1923年，任南开大学历史系第一任系主任，与梁启超同为南开大学历史学科的奠基人。著有《中国近代史》《近代中国外交史辑要》等。

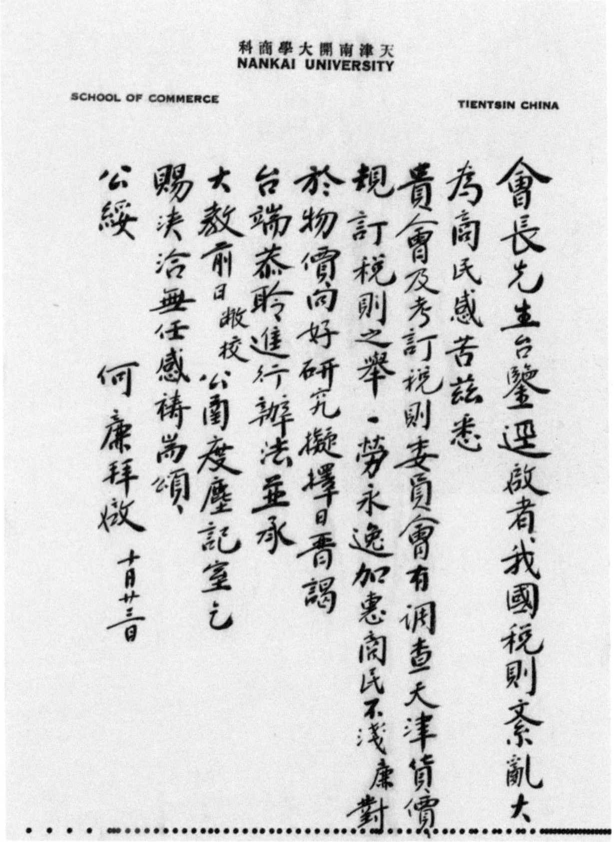

天津南開大學商科
NANKAI UNIVERSITY
SCHOOL OF COMMERCE
TIENTSIN CHINA

會長先生台鑒逕啟者我國稅則紊亂大
為商民感苦茲悉
貴會及考訂稅則委員會有調查天津貨價
規訂稅則之舉一勞永逸加惠商民不淺廉對
於物價向好研究擬擇日晉謁
台端恭聆進行辦法並承
大教前日敝校公函度塵記室乞
賜浹洽無任感禱耑頌
公綏　何廉拜啟　十月廿三日

何廉先生为交流物价研究事致天津总商会会长函

何廉（1895—1975）

经济学家。1926 年，任南开大学商科财政学和统计学教授；1927 年，提议创办南开大学社会经济研究委员会（1931 年后改为南开大学经济研究所）；1931 年，任南开大学经济学院院长；1948 年，任南开大学代理校长。被誉为“在国内最早引入市场指数之调查者”和“我国最早重视农业的经济学家”。著有《（战后）第一个复兴期间经济事业总原则草案》《财政学》《何廉回忆录》等。

董守义（1895—1978）

体育教育家。曾任国际奥委会委员，被誉为“中国篮球之父”。1919—1930年，兼任南开中学体育教练；1923年，到南开大学任教，训练了“南开五虎”篮球队。著有《篮球术》《最新篮球术》等。

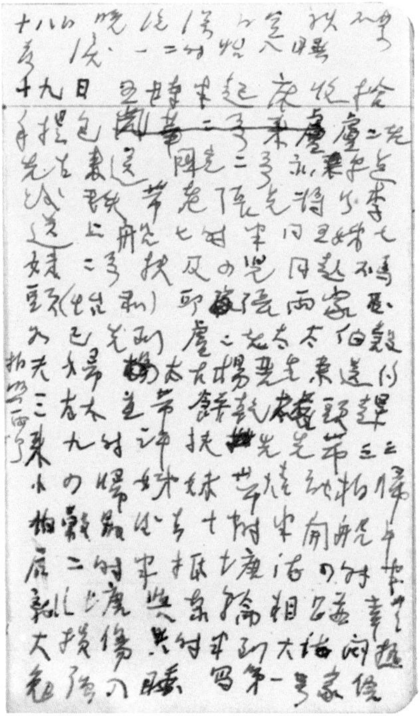

冯文潜先生在西南联合大学时期的日记手稿

冯文潜（1896—1963）

哲学家。1930—1937 年，任南开大学哲学系教授；1937—1945 年，任西南联合大学哲学系教授兼系主任；1946—1952 年，任南开大学哲学系教授兼系主任、文学院院长；1952—1963 年，任南开大学外文系教授兼图书馆馆长。著有《美学讲演录》《中西建筑漫话》等。

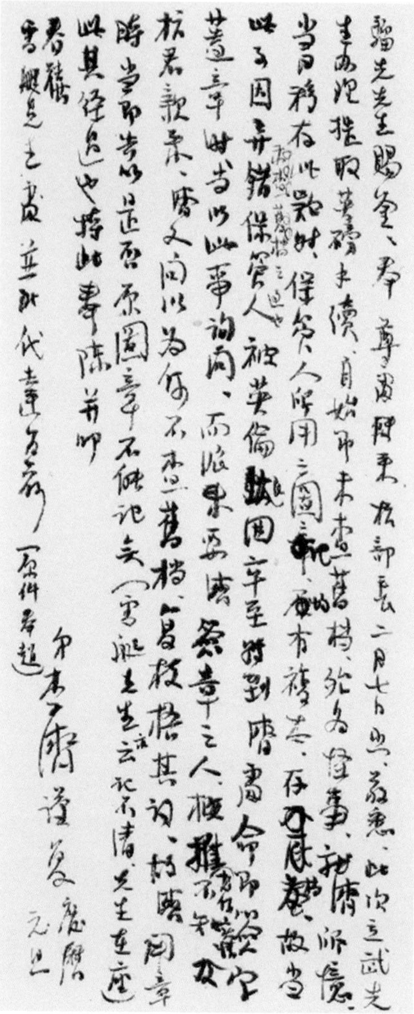

李济先生手迹

李济（1896—1979）

人类学家、考古学家。被誉为“中国考古学之父”。1923 年，任南开大学人类学和社会学教授，次年任文科主任。著有《西阴村史前遗存》《李济考古学论文集》等。

李继侗（1897—1961）

植物学家、生态学家、教育家。中国植物生理学的开拓者，植物生态学与地植物学的奠基人之一。1926—1929 年，任南开大学生物系教授。著有《青岛森林调查记》《植物气候组合论》《李继侗文集》等。

萧公权（1897—1981）

历史学家、政治学家。1927 年，受聘于南开大学，先后教授政治学概论、法理学、西洋政治思想等课程。著有《中国政治思想史》《中国乡村：论十九世纪的帝国控制》等。

058
Nankai University

058
Nankai University

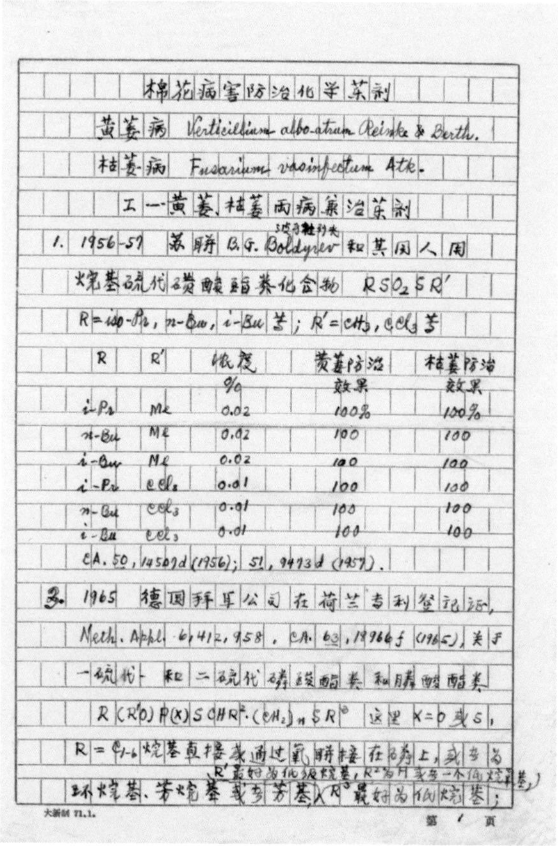

棉花病害防治化学药剂

黄萎病 *Verticillium albo-atrum* Reinke & Berth.

枯萎病 *Fusarium vasinfectum* Atk.

I—黄萎、枯萎两病兼治药剂

1. 1956-57 苏联 B.G. Boldyrev（波尔杜利夫）和其同人用烷基硫代磺酸酯类化合物 RSO_2SR'

R = iso-Pr, n-Bu, i-Bu 等；R' = CH_3, CCl_3 等

R	R'	浓度 %	黄萎防治效果	枯萎防治效果
i-Pr	Me	0.02	100%	100%
n-Bu	Me	0.02	100	100
i-Bu	Me	0.02	100	100
i-Pr	CCl_3	0.01	100	100
n-Bu	CCl_3	0.01	100	100
i-Bu	CCl_3	0.01	100	100

CA. 50, 14507d (1956); 51, 9473d (1957).

2. 1965 德国拜耳公司在荷兰专利登记证，Neth. Appl. 6,412,958, CA. 63, 18966f (1965)，关于一硫代-和二硫代磷酸酯类和膦酸酯类

$R(R'O)P(X)SCHR^2\cdot(CH_2)_nSR^3$ 这里 X=O 或 S，

R = C_{1-6} 烷基直接或通过氧联接在磷上，或为环烷基、苯烷基或芳基（R'最好为低级烷基，R^2 为 H 或另一个低级烷基），R^3 最好为低级烷基；

大新制 71.1.　　第 1 页

杨石先先生手迹

杨石先（1897—1985）

化学家、教育家。1923 年起，历任南开大学教授、西南联合大学教授兼教务长、南开大学教务长等职；1957—1980 年，任南开大学校长；1962 年，任南开大学元素有机化学研究所第一任所长。多年从事农药化学和元素有机化学的研究，为我国这一研究领域的开拓者。译著有《有机磷农药的有机化学与生物化学》，编著有《国外农药进展》等。

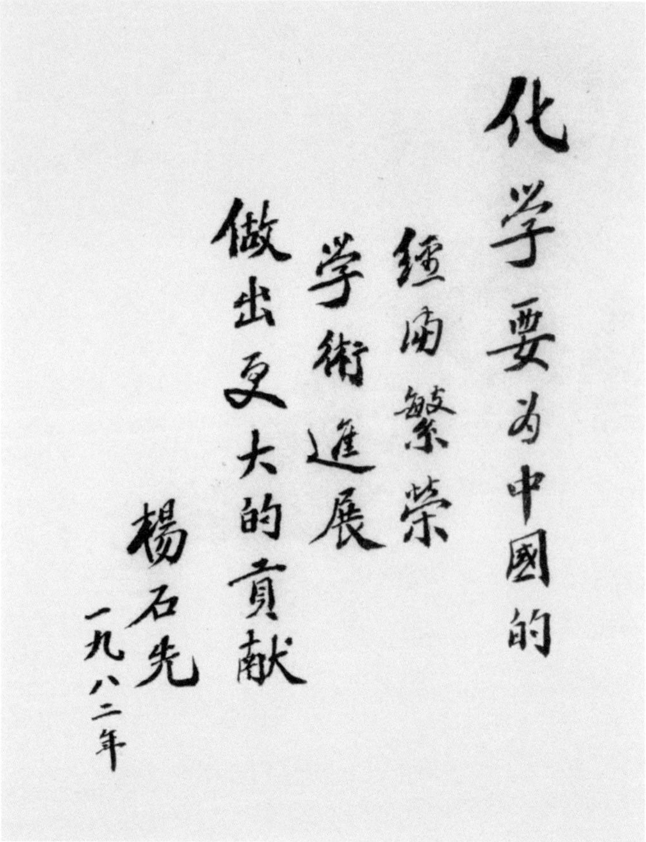
化学要为中國的
經濟繁榮
学術進展
做出更大的貢献
楊石先
一九八二年

杨石先先生手迹

杨石先校长

柳特
雲卿兩兄鑒：接兩函而覆一函，殊屬不恭，但是兩天之內要
我寫二十五封信也就管不了許多恭不恭了。程君與我在此
甚好，職教員同學生待我們都不錯，不過美國人對於中
國事情太不留心，知道的也太少，所以我們兩個這二日以來
一天到晚要為他們講中國……中國有精美的建築！中國有高
尚的文學！中國電車自動車汽車！！中國有躍躍欲生之圖
畫！！「中國有學生學生而能操英語如流，英語而能[illegible]
生而知學所不知，學生而知美國政治風俗如指掌，學生而插
美國高等學校之四年級[illegible]誠神妙莫測之事，誠神
莫測之事矣！！！我每週有十八點鐘功課，而國際法而哲學入門
而普通心理學而實驗心理學而修文而教育史而維多利亞朝
英文學，這些地生活程度甚低，我每月只要花三十元就有飯吃有
房子住！……千里之手黃鈺生要省錢！！千里之手他要[illegible]

黃鈺生先生手迹

黄钰生（1898—1990）

教育家、图书馆学家。1925 年，任南开大学哲学系教授；1927 年，任南开学校大学部主任（后改称“秘书长”）；1938 年，任西南联合大学师范学院院长；1945 年，任南开大学校务委员会委员兼秘书长。

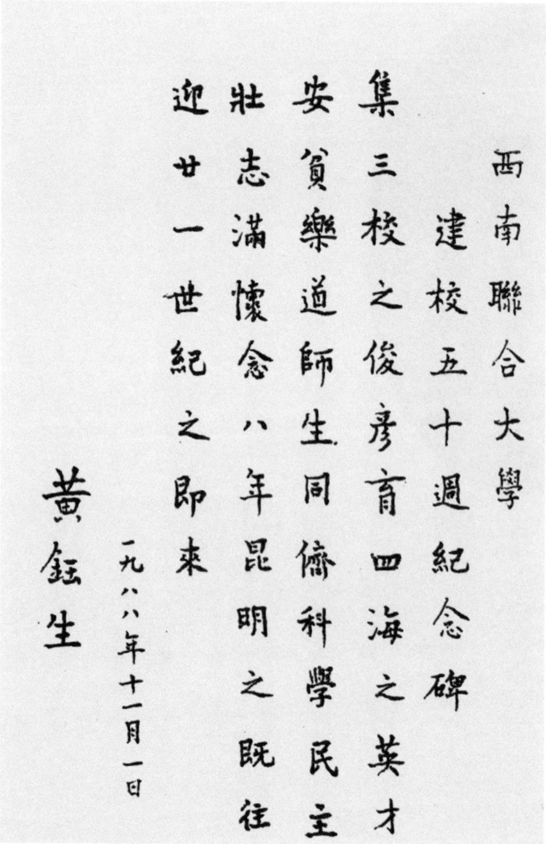

西南聯合大學
建校五十週紀念碑
集三校之俊彥育四海之英才
安貧樂道師生同儕科學民主
壯志滿懷念八年昆明之既往
迎廿一世紀之即來
一九八八年十一月一日
黃鈺生

黄钰生先生手迹

黄钰生先生

郑天挺先生手书《水龙吟》

郑天挺（1899—1981）

历史学家、教育家。1952年起，历任南开大学历史系教授、系主任、中国史研究室主任，其间创建明清史研究室；1963—1980年，任南开大学副校长。著有《清史探微》《探微集》等。

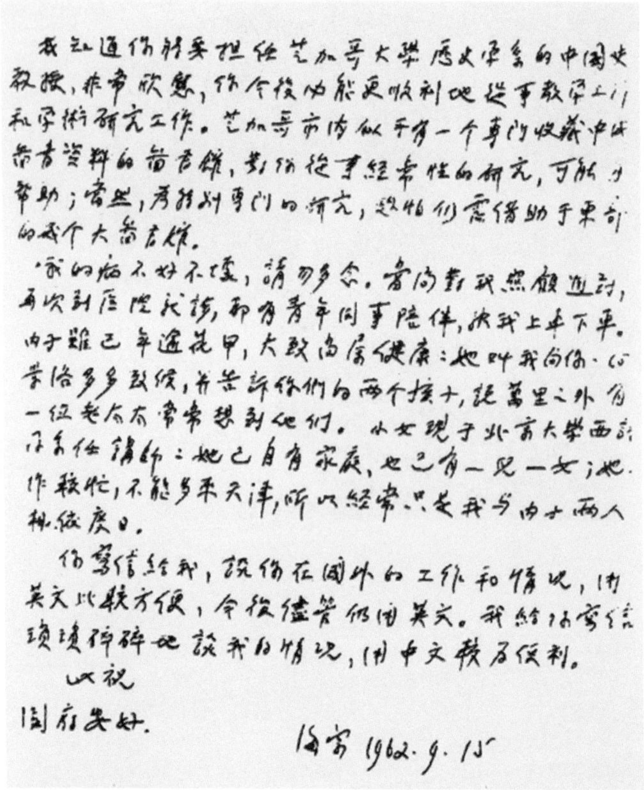

我知道你将要担任芝加哥大學歷史學系的中国史教授，非常欣慰，你今後必能更順利地從事教學工作和學術研究工作。芝加哥市內似乎有一个專门收藏中國書資料的圖書館，對你從事經常性的研究，可能有帮助；当然，有时對專门的研究，恐怕仍需借助于東部的几个大圖書館。

我的病不好不壞，請勿多念。當局對我照顧周到，每次到医院門診，都有青年同事陪伴，扶我上車下車。内子雖已年逾花甲，大致尚屬健康；她叫我向你、景洛多多致候，并告訴你們的两个孩子，說萬里之外有一位老太太常常想到他們。小女現于北京大學西語系任講師；她已自有家庭，也已有一兒一女；工作較忙，不能多來天津，所以經常只是我與内子兩人相依度日。

你寫信給我，談你在國外的工作和情况，用英文比較方便，今後儘管仍用英文。我給你寫信琐琐碎碎地談我的情况，用中文較为便利。

此祝

闔府安好。

海宗 1962.9.15

雷海宗先生手迹

雷海宗（1902—1962）

历史学家。1952 年，任南开大学历史系世界史教研室主任，致力于世界史学科建设，讲授世界上古史等课程。著有《中国文化与中国的兵》《西洋文化史纲要》等。

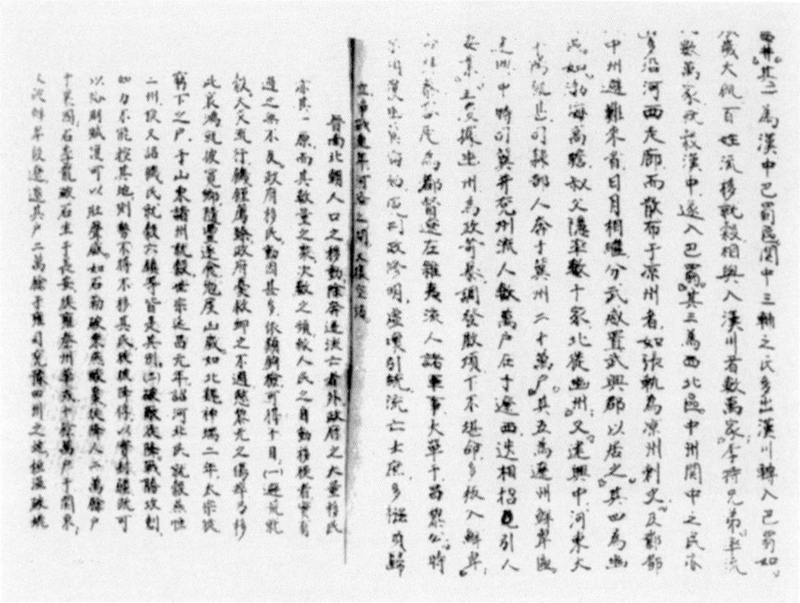

傅筑夫先生为研究中国经济史所做学术卡片

傅筑夫（1902—1985）

经济学家、经济史学家、教育家。1947 年秋，到南开大学任教，任南开大学经济研究所研究生指导委员会主任委员。著有《中国封建社会经济史》（五卷本）、《中国经济史论丛》等。

张克忠（1903—1954）

化学工程学家、教育家。1922年，考入南开大学化学系；1928年，到南开大学任教。在南开大学创办了化学工程系和我国第一个高校应用化学研究所，为化工企业解决了大量技术问题。

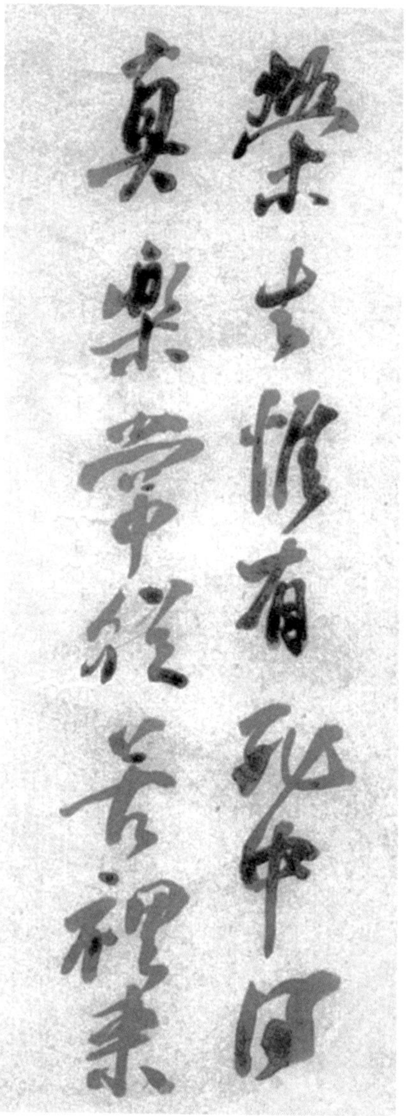

陈序经先生手迹

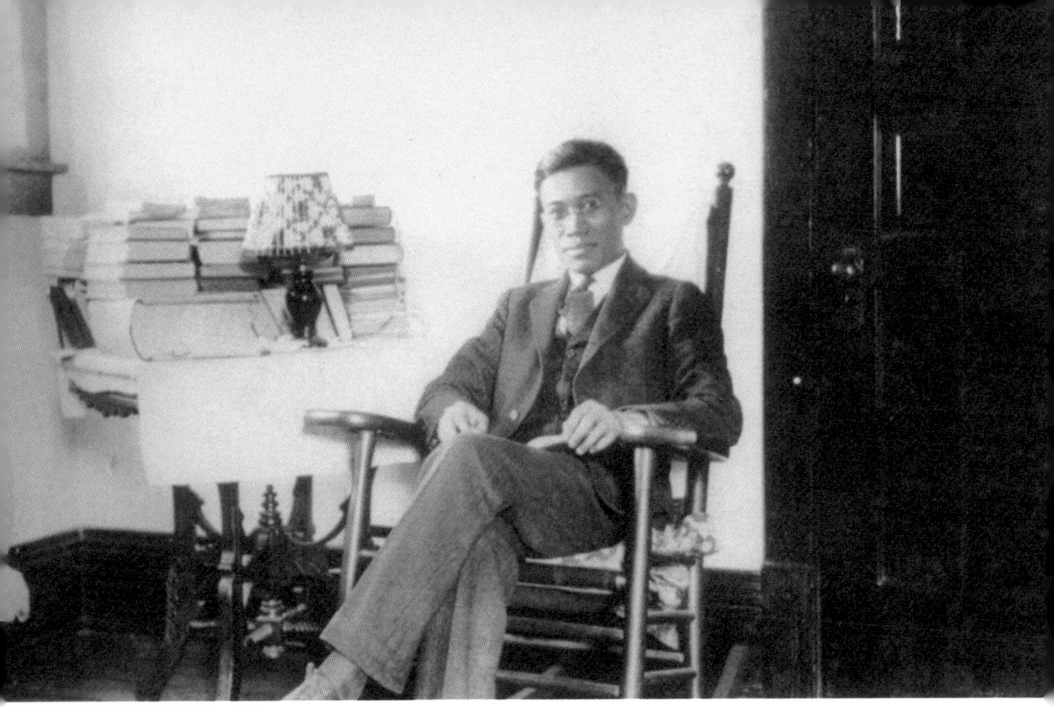

陈序经（1903—1967）

社会学家、历史学家、文化学家、民族学家、教育家。1934 年起，任南开大学经济研究所教授、研究部主任；1938 年，任西南联合大学法商学院院长；1946 年，任南开大学教务长兼经济研究所所长、政治经济学院院长；1964 年，调任南开大学副校长。著有“文化论丛”、《疍民的研究》、《匈奴史稿》等。

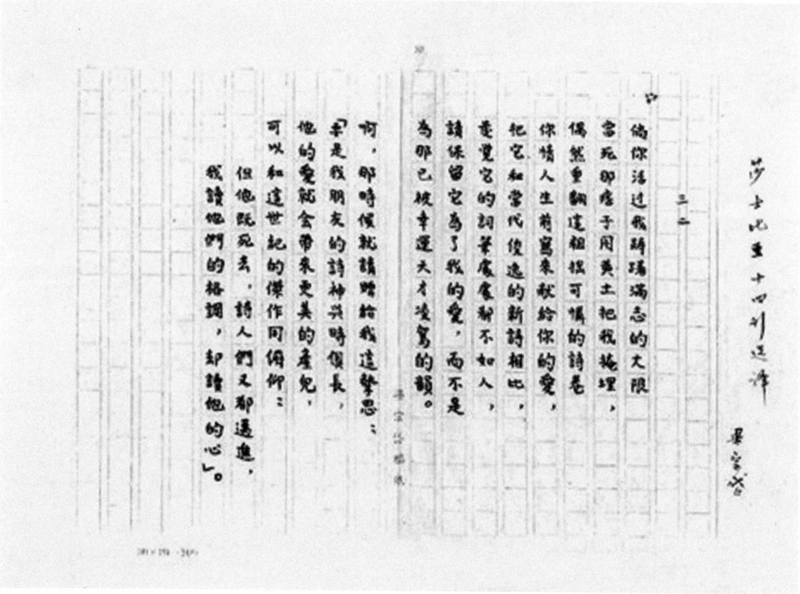
莎士比亚十四行诗选译
梁宗岱
三二
倘你活過我躊躇滿志的大限，
當死那傖子用黃土把我掩埋，
偶然重翻這粗拙可憐的詩卷，
你情人生前寫來獻給你的愛，
把它和當代俊逸的新詩相比，
竟覺它的詞筆處處都不如人，
請保留它為了我的愛，而不是
為那已被幸運天才凌駕的韻。
啊，那時候就請賜給我這摯思：
「要是我朋友的詩神與時俱長，
他的愛就会帶來更美的產兒，
可以和這世紀的傑作同儕併：
但他既死去，詩人們又那邊進，
我讀他們的格調，却讀他的心」。

梁宗岱先生手迹

梁宗岱（1903—1983）

诗人、文学翻译家。1936年初，执教于南开大学英文系。所翻译的《莎士比亚十四行诗》被誉为“最佳翻译”。著有《梁宗岱选集》《晚涛》等。

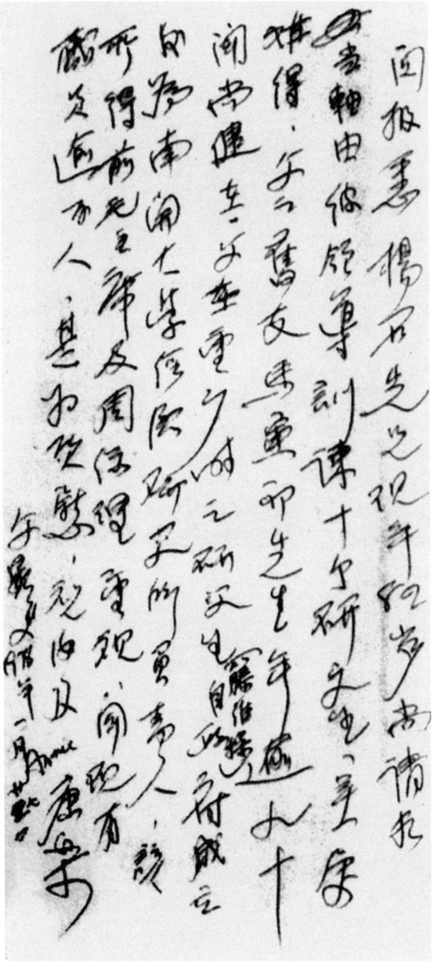

方显廷先生给女儿的信函

方显廷（1903—1985）

经济学家。1929年，受聘于南开大学，任社会经济研究委员会研究主任兼文学院经济系经济史教授。著有《中国农村经济之复兴》《中国经济之症结》《方显廷回忆录：一位中国经济学家的七十自述》等。

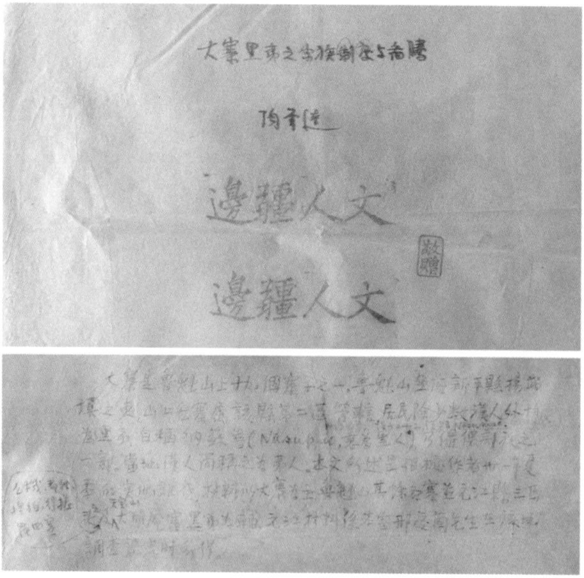

陶云逵先生文章《大寨黑夷之宗族制度与图腾》手稿

陶云逵（1904—1944）

民族学家、人类学家。1942 年，任西南联合大学社会学系教授，兼南开大学文科研究所边疆人文研究室主任，主编《边疆人文》杂志。其学术成果主要是关于云南少数民族的调查报告，散见于《西南边疆》《边疆人文》等刊物。

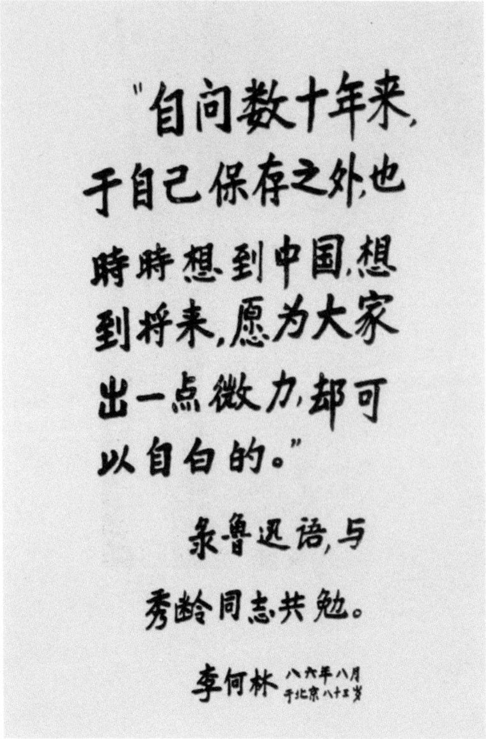

"自问数十年来，
于自己保存之外，也
時時想到中国，想
到将来，愿为大家
出一点微力，却可
以自白的。"

录鲁迅语，与
秀龄同志共勉。

李何林 八六年八月
于北京 八十三岁

李何林先生手迹

李何林（1904—1988）

鲁迅研究及中国现代文学研究学科的重要奠基人。1952 年，任南开大学教授兼中文系系主任，讲授中国现代文学和鲁迅研究，是全国高等院校开设鲁迅研究课的先行者。著有《鲁迅论》《近二十年中国文艺思潮论：1917—1937》等。

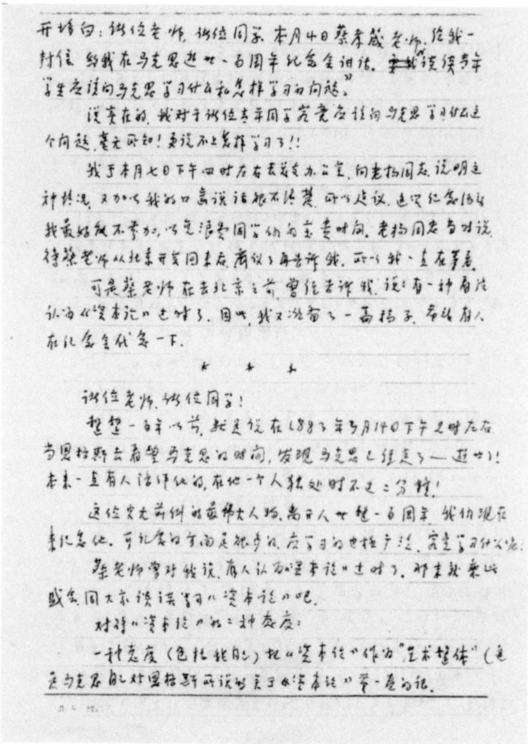

开场白：诸位老师，诸位同学，本月4日蔡孝箴老师给我一封信，约我在马克思逝世一百周年纪念会讲话，"谈谈青年学生应该向马克思学习什么和怎样学习的问题"。

说实在的，我对于诸位青年同学究竟应该向马克思学习什么这个问题，毫无所知！更说不上怎样学习了!!

我于本月七日下午四时左右去系办公室，向老杨同志说明这种情况，又加之我的口齿说话很不清楚，所以建议这次纪念会我最好就不参加，以免浪费同学们的宝贵时间。老杨同志当时说，待蔡老师从北京开会回来后商议了再告诉我。所以我一直在等着。

可是蔡老师在去北京之前，曾经告诉我，说：有一种看法认为《资本论》过时了。因此，我又准备了一篇稿子，希望有人在纪念会代念一下。

* * *

诸位老师，诸位同学！

整整一百年以前，就是说在1883年3月14日下午2时左右当恩格斯去看望马克思的时候，发现马克思已经走了——逝世了！本来一直有人陪伴他的，在他一个人独处时不过二分钟！

这位史无前例的最伟大人物，离开人世整一百周年，我们现在来纪念他。可纪念的方面是很多的，应学习的也极广泛，究竟学习什么呢。

蔡老师曾对我说，有人认为《资本论》过时了。那末就乘此盛会同大家谈谈学习《资本论》吧。

对待《资本论》的二种态度：

一种态度（包括我自己）把《资本论》作为"艺术整体"（这是马克思自己对恩格斯所说的关于《资本论》第一卷的话。

季陶达先生手迹

季陶达（1904—1989）

经济学家。1949年8月，到南开大学经济系任教，历任南开大学政治经济系系主任、经济研究所所长。著有《重农主义》《英国古典政治经济学》《约·斯·穆勒及其〈政治经济学原理〉》等，译有《经济思想史》等。

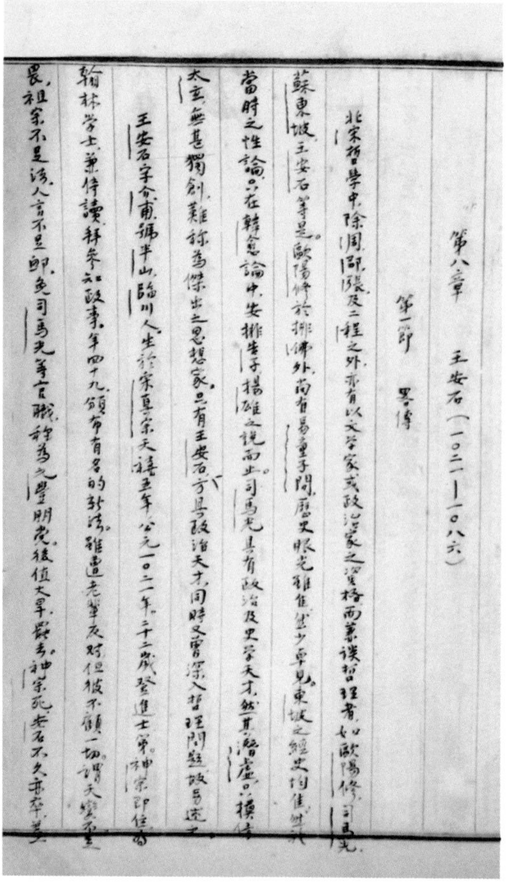
第八章　王安石（一〇二一—一〇八六）

第一節　畧傳

北宋哲學中，除周邵張及二程之外，亦有以文學家或政治家之資格而兼談哲理者，如歐陽修、司馬光、蘇東坡、王安石等是。歐陽修於排佛外，尚有易童子問，歷史眼光雖佳，然少卓見。東坡之經史均佳，然我當時之性論，只在韓愈論中，安排告子揚雄之說而出。司馬光具有政治及史學天才，然其潛虛只模仿太玄，無甚獨創，難稱為傑出之思想家。只有王安石，方具政治天才，同時又曾深入哲理問題，故易述之。

王安石字介甫，號半山，臨川人。生於宋真宗天禧五年（公元一〇二一年），二十二歲登進士第。神宗即位，由翰林學士兼侍讀，拜參知政事，年四十九。頒布有名的新法。雖遭老輩反對，但彼不顧一切，謂天變不足畏，祖宗不足法，人言不足卹。免司馬光等官職，稱為元豐明良。後值大旱，罷去。神宗死，安石不久亦卒。其

温公颐先生手迹

温公颐（1904—1996）

哲学家、逻辑学家、教育家。1959 年调入南开大学，参与组建南开大学哲学系；1962—1987 年，任南开大学哲学系系主任。著有《先秦逻辑史》《中古逻辑史》《近古逻辑史》等。

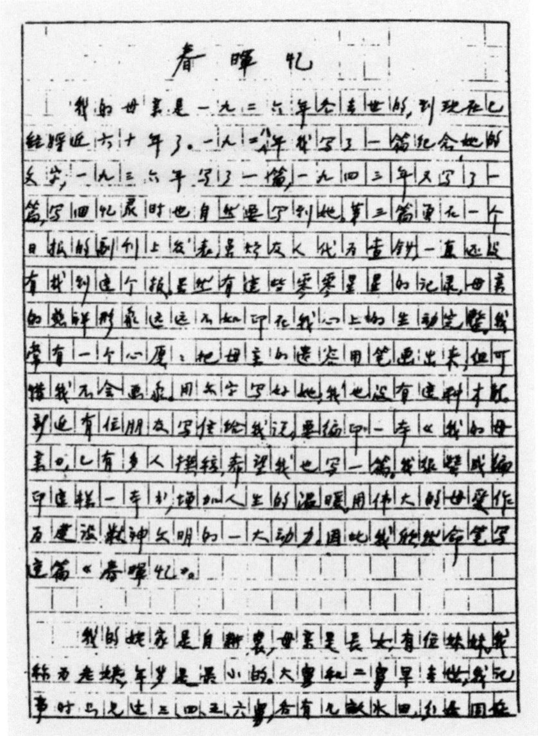

春晖忆

我的母亲是一九二六年去世的，到现在已经将近六十年了。一九二七年我写了一篇纪念她的文字，一九三六年写了一篇，一九四三年又写了一篇，写回忆录时也自然要写到她。第三篇见于一个日报的副刊上，发表是经友人代为查找，一直还没有找到这个报。虽然有这些零零星星的记录，母亲的慈祥形象远远不如印在我心上的生动完整。我常有一个心愿：把母亲的遗容用笔画出来，但可惜我不会画画，用文字写好她，我也没有这种才能。新近有位朋友写信给我说，要编印一本《我的母亲》，已有多人撰稿，希望我也写一篇。我很赞成编印这样一本书，增加人生的温暖，用伟大的母爱作为建设精神文明的一大动力，因此我就欣然命笔写这篇《春晖忆》。

我的娘家是自耕农，母亲是长女，有位妹妹，我称为老姨，年岁是最小的。大舅和二舅早去世，我记事时只见过三、四、五、六舅，各有几亩水田，[illegible]

李霁野先生手迹

李霁野（1904—1997）

文学翻译家、鲁迅研究专家、教育家、诗人。1949 年，到南开大学外文系任教；1951—1982 年，任南开大学外文系系主任。著有散文集《回忆鲁迅先生》《鲁迅先生与未名社》等，译有《被侮辱与损害的》《简·爱》《四季随笔》等。

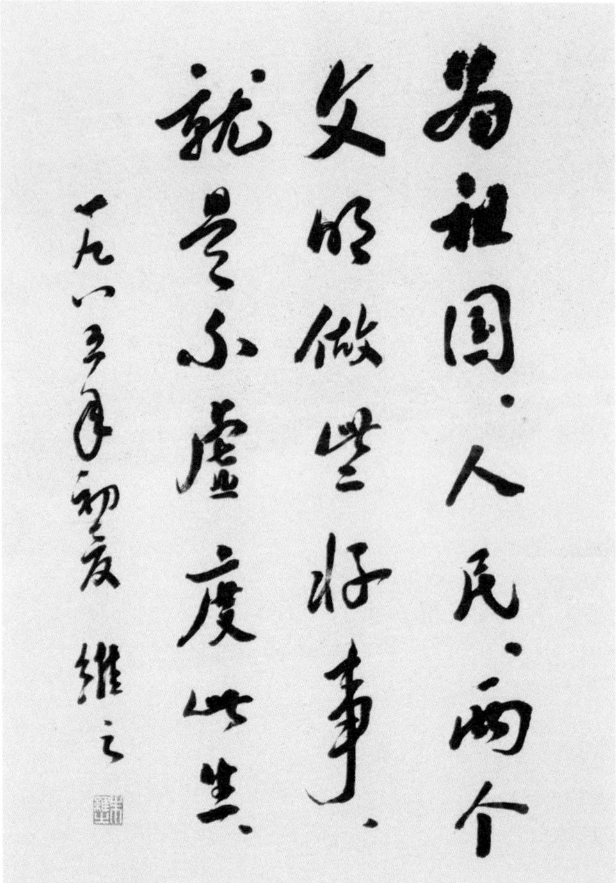
为祖国、人民、两个文明做些好事、就是不虚度此生
一九八三年初夏 维之

朱维之先生手迹

朱维之（1905—1999）

外国文学与比较文学研究专家、翻译家。1952 年，任南开大学教授，先后担任中文系外国文学教研室主任、中文系系主任等职。代表作有《基督教与文学》《李卓吾论》《中国文艺思潮史稿》等。

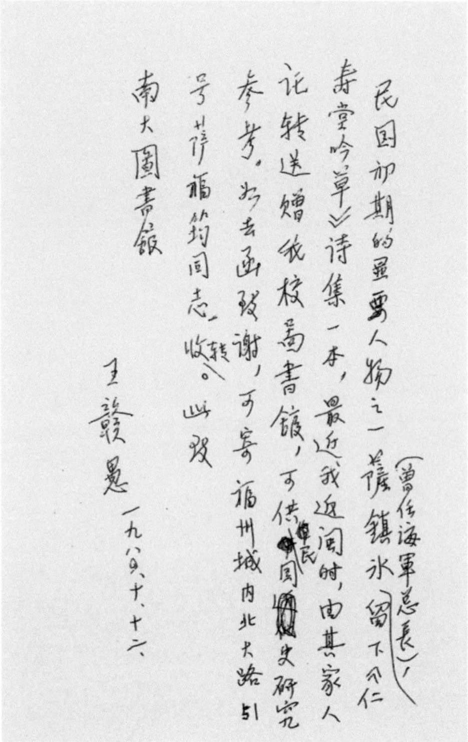

民国初期的重要人物之一萨镇冰（曾任海军总长），留下《仁寿堂吟草》诗集一本，最近我返闽时，由其家人托转送赠我校图书馆，可供中华民国史研究参考。特去函致谢，可寄福州城内北大路51号萨府福钧同志收转。此致

南大图书馆

王赣愚 一九八五、十、十六

王赣愚先生手迹

王赣愚（1906—1997）

经济学家、政治学家。1935 年起，任教于南开大学；1949 年，任南开大学财经学院院长；1952 年全国高校院系调整后任南开大学经济系教授；1985 年后任国际经济系教授。著有《中国政治改进》《中国地方政府》等。

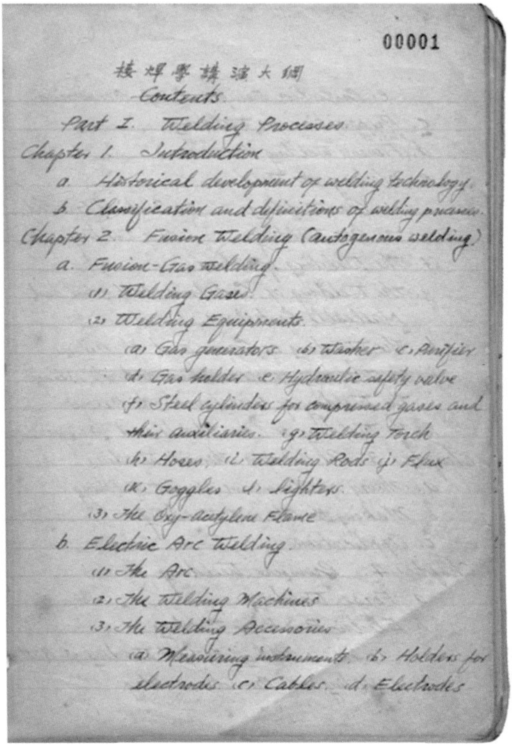

00001

接焊學講演大綱

Contents

Part I. Welding Processes

Chapter 1. Introduction

a. Historical development of welding technology.

b. Classification and definitions of welding process.

Chapter 2. Fusion Welding (autogenous welding)

a. Fusion-Gas welding.

(1) Welding Gases.

(2) Welding Equipments.

(a) Gas generators (b) Washer c) Purifier

d) Gas holder e. Hydraulic safety valve

(f) Steel cylinders for compressed gases and their auxiliaries. (g) Welding Torch

(h) Hoses, (i) Welding Rods (j) Flux

(k) Goggles (l) Lighters.

(3) The Oxy-acetylene Flame

b. Electric Arc Welding.

(1) The Arc

(2) The Welding Machines

(3) The Welding Accessories

(a) Measuring instruments. (b) Holders for electrodes (c) Cables. (d) Electrodes

孟广喆 先生手迹

孟广喆（1907—1989）

机械工程与焊接专家。1933 年，任南开大学电机系教授；1937 年，任西南联合大学机械系教授；抗日战争胜利后，重返南开大学任工学院院长、机械系主任。著有《焊接结构强度和断裂》等。

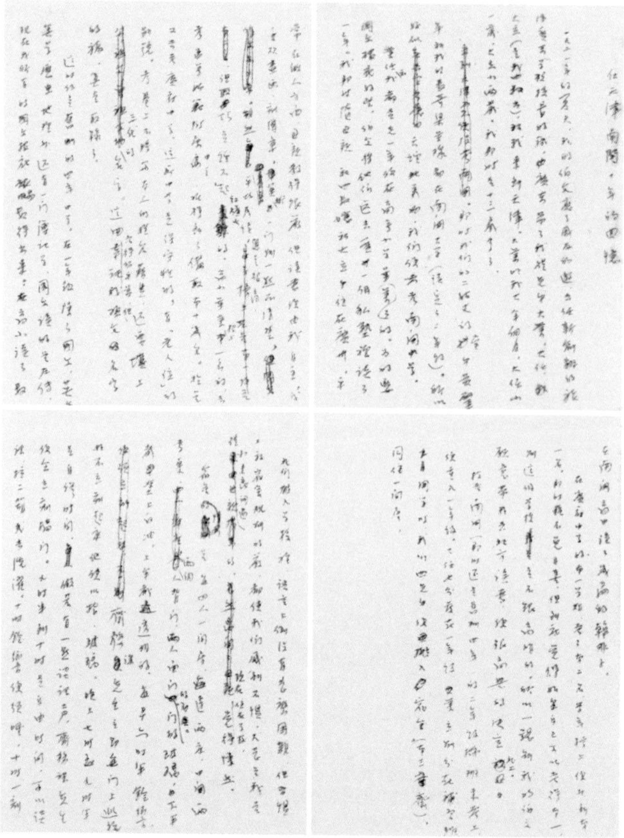

吴大猷先生《在天津南开十年的回忆》手稿

吴大猷（1907—2000）

物理学家、教育家。被誉为“中国物理学之父”。1929 年，从南开大学物理系毕业并留校任教；1938 年，到西南联合大学任教。1940 年，在南开大学用英文撰写了第一部专著《多原子分子的结构及振动光谱》。

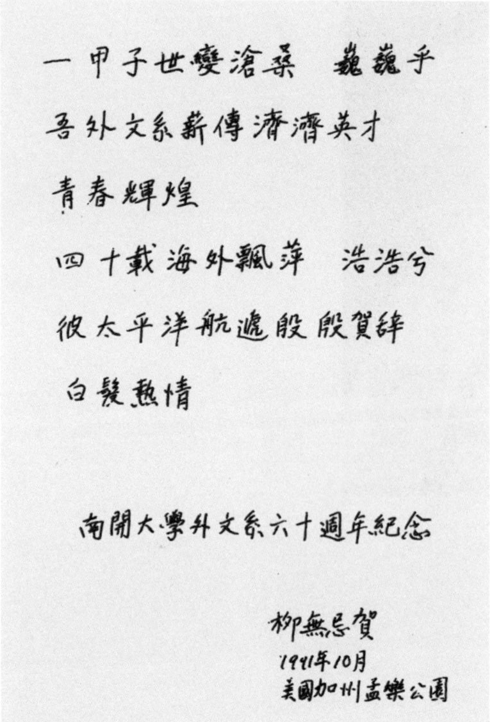

一甲子世變滄桑　巍巍乎

吾外文系薪傳濟濟英才

青春輝煌

四十載海外飄萍　浩浩兮

彼太平洋航遞殷殷賀辞

白髮熱情

南開大學外文系六十週年紀念

柳無忌賀

1991年10月

美國加州孟樂公園

柳无忌先生手迹

柳无忌(1907—2002)

英国文学研究专家、翻译家。1931 年，到南开大学任教，并接任英文系系主任之职；1938 年，在西南联合大学文学院外文系执教。著有《西洋文学研究》《中国文学新论》等。

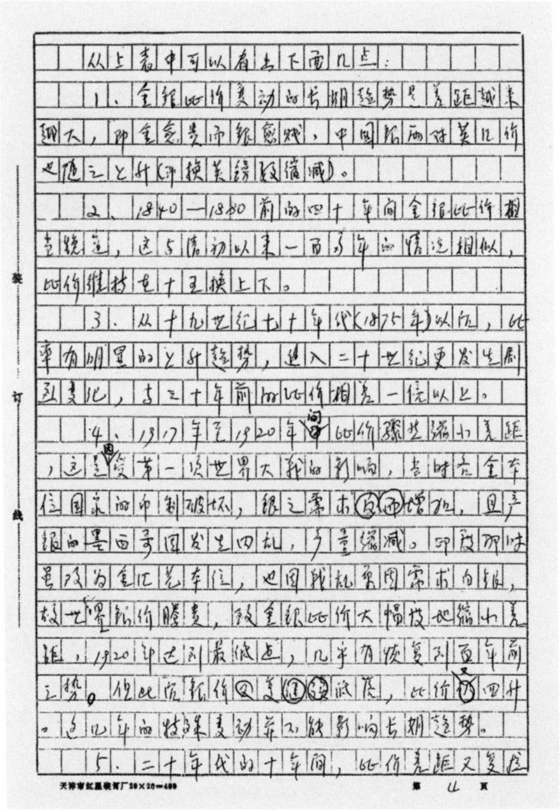

从上表中可以看出下面几点：

1、金银比价变动的长期趋势是差距越来越大，即金愈贵而银愈贱，中国银两对英汇价也随之上升（即换英镑数缩减）。

2、1840—1880前的四十年间金银比价相当稳定，这与清初以来一百多年的情况相似，比价维持在十五换上下。

3、从十九世纪七十年代（1875年）以后，比率有明显的上升趋势，进入二十世纪更发生剧烈变化，与三十年前的比价相差一倍以上。

4、1917年至1920年间比价骤然缩小差距，这是因受第一次世界大战的影响，当时各金本位国家的币制破坏，银之需求反而增加，且产银的墨西哥国发生内乱，产量缩减。印度那时是改为金汇兑本位，也因战乱需用需求白银，故也[illegible]银价腾贵，致金银比价大幅度地缩小差距，1920年达到最低点，几乎有恢复到百年前之势。但此后银价又复回跌低落，比价又回升。这几年的特殊变动并不能影响长期趋势。

5、二十年代的十年间，比价差距又复扩

天津市红星装订厂20×20=400　　第 4 页

石毓符先生手迹

石毓符（1908—1982）

会计学、金融学专家。1932 年，毕业于南开大学；1949 年后，先后在津沽大学和南开大学任教。著有《中国货币金融史略》《普通会计学》等。

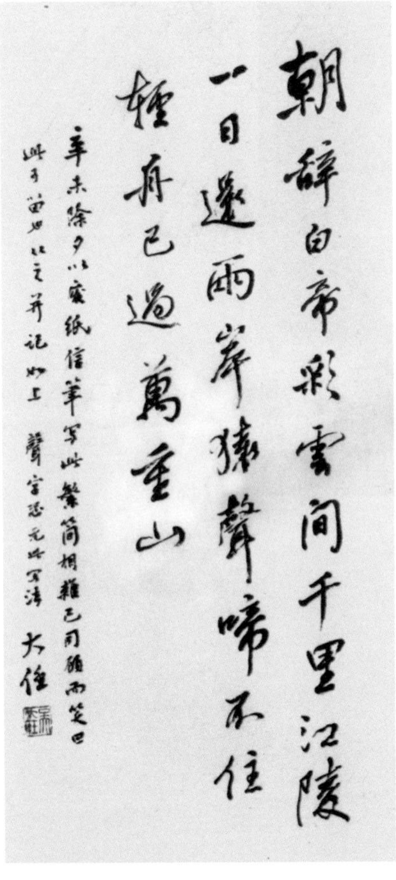

吴大任先生手迹

吴大任（1908—1997）

数学家、教育家。我国积分几何研究的先驱之一。1946 年，到南开大学任教；1949—1961 年，任南开大学教务长；1962—1983 年，任南开大学副校长。编著有《微分几何讲义》《空间解析几何引论》等。

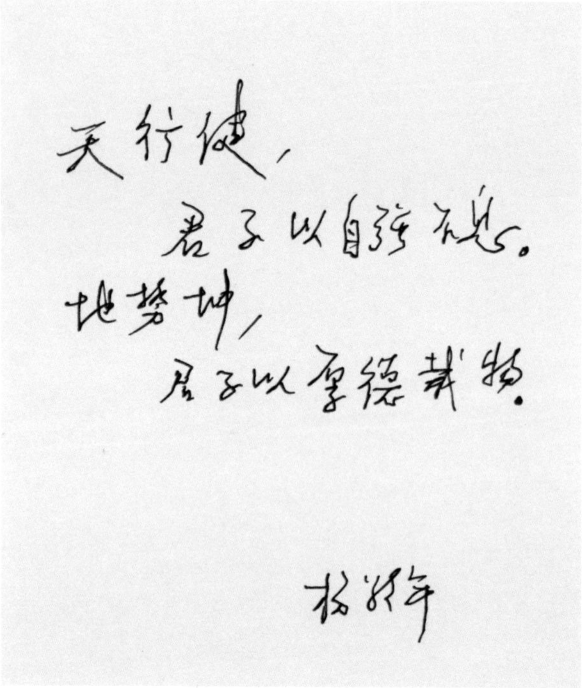
天行健，
君子以自强不息。
地势坤，
君子以厚德载物。
杨敬年

杨敬年先生手迹

杨敬年（1908—2016）

经济学家、翻译家。1948 年，到南开大学任教；1949 年，创办南开大学财政学系并任系主任。著有《西方发展经济学概论》《人性谈》等，译有《国富论》《经济分析史》等，百岁时撰写自传《期颐述怀》。

华粹深（1909—1981）

戏曲教育家、戏曲理论研究家、剧作家。1947年起，历任南开大学中文系副教授、教授、古典小说戏曲研究室主任。改编河北梆子《秦香莲》《打金枝》、京剧《窃符救赵》等，著有《华粹深剧作选》。

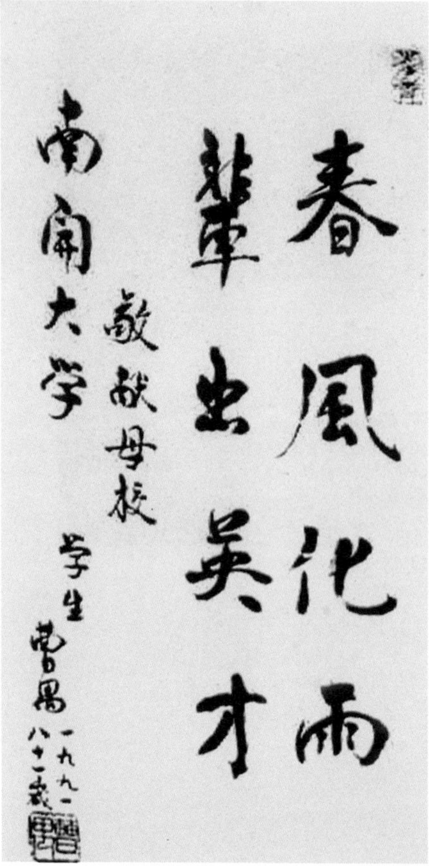

曹禺先生为母校南开大学题词

曹禺（1910—1996）

剧作家、戏剧教育家。1922年，入读南开中学，并参加南开新剧团；1928年9月，被保送入读南开大学政治系。在南开期间，任《南开大学周刊》特约撰稿员和文艺组组长，后担任南开大学出版社文艺组编辑。著有《雷雨》《日出》《原野》《北京人》等。

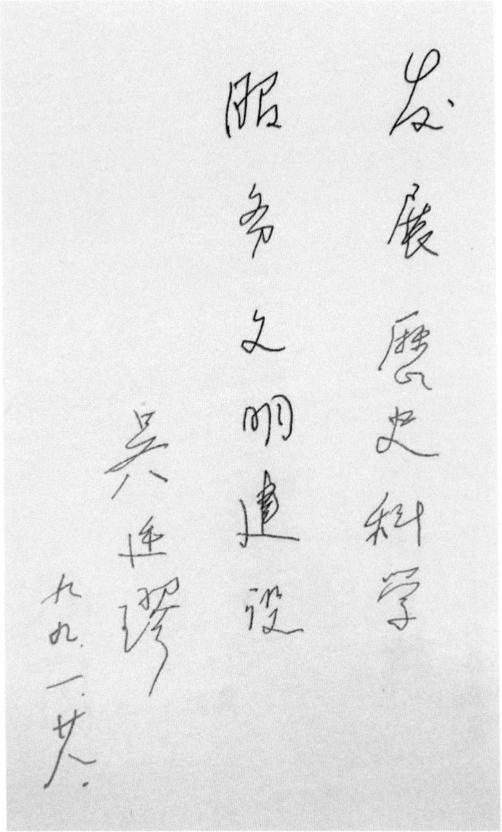
发展历史科学
服务文明建设
吴廷璆
九九.一.廿八

吴廷璆先生手迹

吴廷璆（1910—2003）

日本史学科的开拓者之一。1949 年，调到南开大学历史系任教，历任校总务长、历史系系主任、历史研究所所长。著有《日本史》《日本近代化研究》《吴廷璆史学论集》等。

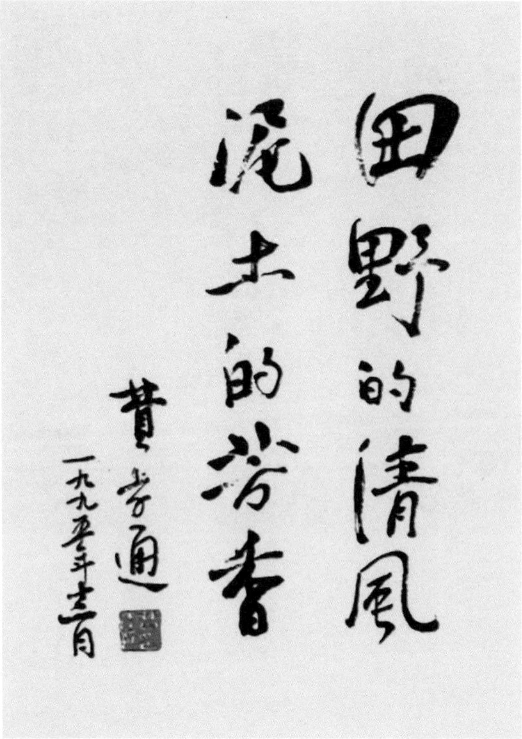

费孝通先生手迹

费孝通（1910—2005）

社会学家、人类学家、民族学家、社会活动家。中国社会学和人类学的奠基人之一。1980年，应邀来南开大学讲学，提议办一个专业班培养社会学的师资，为南开大学社会学系的建立打开了大门。著有《江村经济》《乡土中国》等。

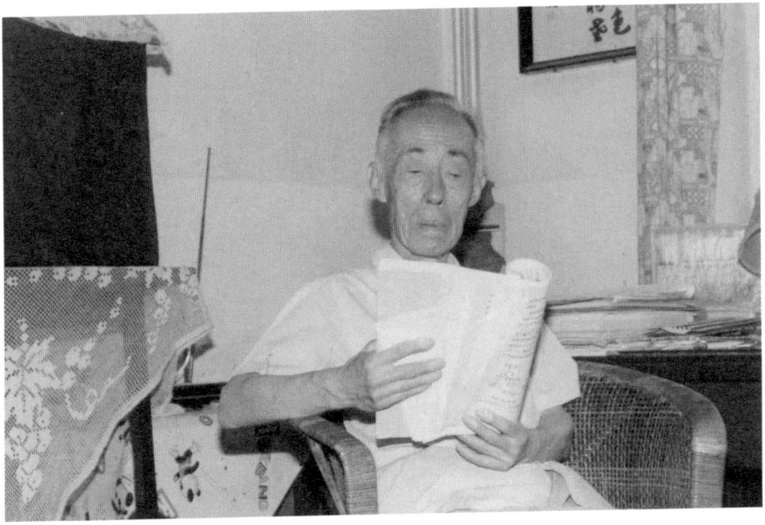

高振衡（1911—1989）

化学家、教育家。物理有机化学学科的奠基人之一。1946—1989年，在南开大学化学系任教，先后任系副主任、系主任。著有《有机化学结构理论》《物理有机化学》等。

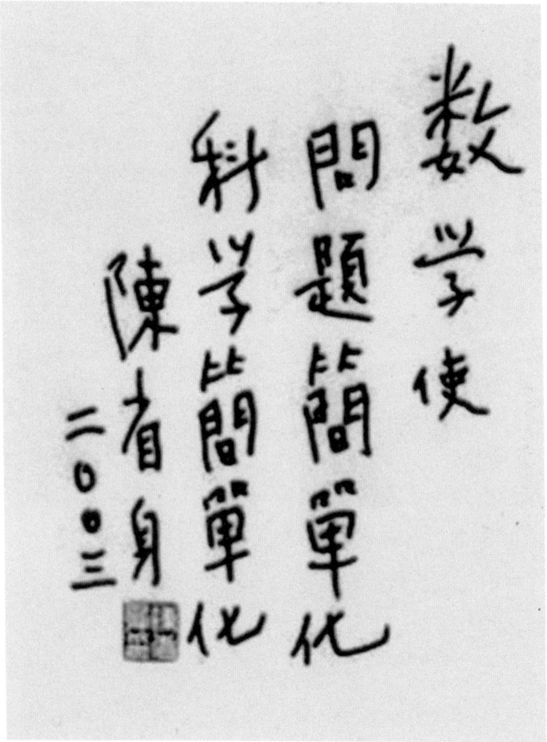
数学使
問題簡單化
科学簡單化
陳省身
二〇〇三

陈省身先生手迹

陈省身（1911—2004）

数学家。被誉为“现代微分几何之父”。1930 年，获南开大学学士学位；1985 年，创办南开数学研究所（今陈省身数学研究所）并任所长；2000 年，回南开大学定居并授课。2009 年，国际数学联盟（IMU）特别设立了“陈省身奖”作为国际数学界最高级别的终身成就奖。著有《微分几何的若干论题》《陈省身文集》等。

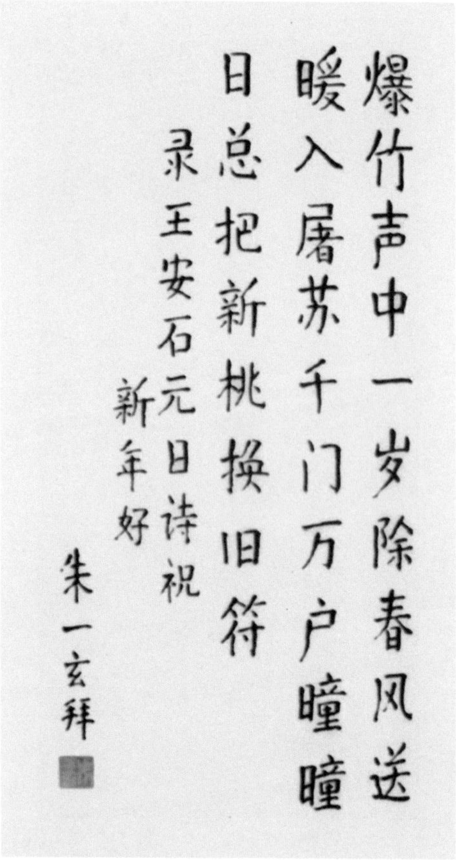
爆竹声中一岁除春风送
暖入屠苏千门万户曈曈
日总把新桃换旧符
录王安石元日诗祝
新年好
朱一玄拜

朱一玄先生手迹

朱一玄（1912—2011）

中国古典文学文献研究专家，中国小说史料学重要开拓者。1946年起，在南开大学中文系任教，毕生致力于中国古典小说资料的搜集、整理与研究。著有《红楼梦人物谱》《红楼梦资料汇编》《金瓶梅资料汇编》《明清小说资料选编》等。

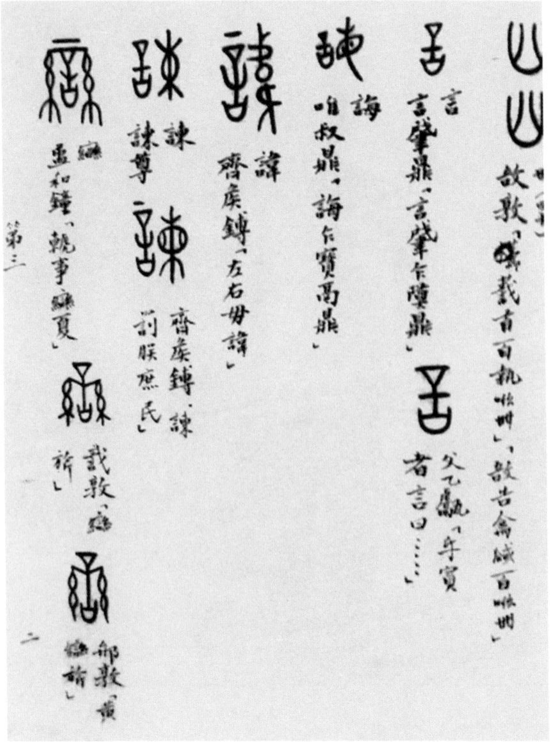

王玉哲先生手迹

王玉哲（1913—2005）

历史学家、先秦史专家。1948 年，到南开大学任教，曾任南开大学学术委员会委员、南开大学学位委员会委员。著有《中国上古史纲》《古史集林》《中华远古史》等。

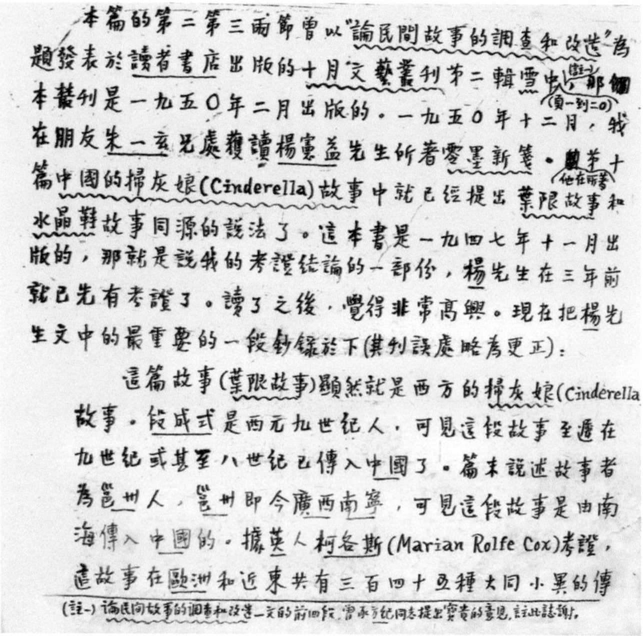

本篇的第二第三兩節曾以"論民間故事的調查和改造"為題發表於讀者書店出版的十月文藝叢刊第二輯雪中(註一)(頁一到二〇)，那個本叢刊是一九五〇年二月出版的。一九五〇年十二月，我在朋友朱一玄先生處獲讀楊憲益先生所著零墨新箋。他在所著第十篇中國的掃灰娘(Cinderella)故事中就已經提出葉限故事和水晶鞋故事同源的說法了。這本書是一九四七年十一月出版的，那就是說我的考證結論的一部份，楊先生在三年前就已先有考證了。讀了之後，覺得非常高興。現在把楊先生文中的最重要的一段鈔錄於下(其刊誤處略為更正)：

這篇故事(葉限故事)顯然就是西方的掃灰娘(Cinderella故事。段成式是西元九世紀人，可見這段故事至遲在九世紀或甚至八世紀已傳入中國了。篇末說述故事者為邕州人，邕州即今廣西南寧，可見這段故事是由南海傳入中國的。據英人柯各斯(Marian Rolfe Cox)考證，這故事在歐洲和近東共有三百四十五種大同小異的傳

(註一) 論民間故事的調查和改造一文的前四段，曾承方紀同志提出寶貴的意見，謹此誌謝。

邢公畹先生手迹

邢公畹（1914—2004）

语言学家、汉藏语研究专家。1942 年，到南开大学文学院边疆人文研究室工作，并同时在西南联合大学中文系任教；后历任南开大学中文系教授、系主任，南开大学文学院终身教授。著有《三江侗语》《红河上游傣雅语》《汉台语比较手册》《语言论集》《红河之月》等。

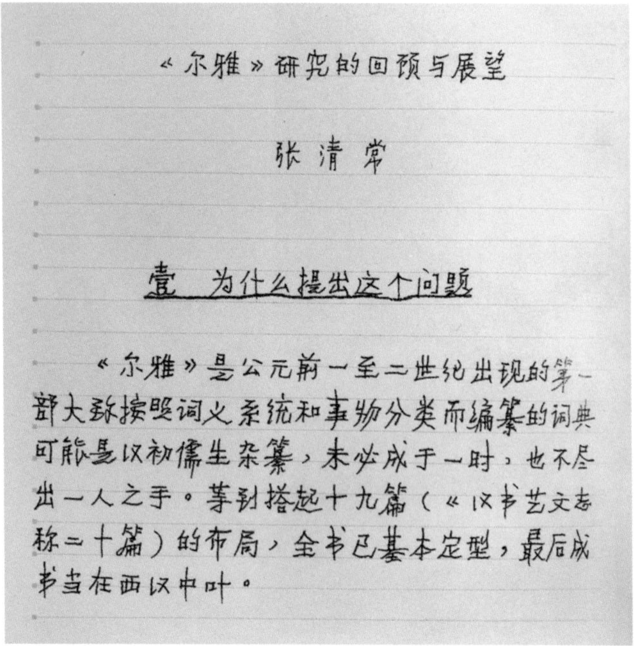

《尔雅》研究的回顾与展望

张清常

壹 为什么提出这个问题

《尔雅》是公元前一至二世纪出现的第一部大致按照词义系统和事物分类而编纂的词典。可能是汉初儒生杂纂，未必成于一时，也不尽出一人之手。等到搭起十九篇（《汉书艺文志称二十篇）的布局，全书已基本定型，最后成书当在西汉中叶。

张清常先生手迹

张清常（1915—1998）

音韵学家、语言学家。西南联合大学校歌《满江红》的曲作者。1946—1957 年，任南开大学中文系教授、系主任、语言学教研室主任；1973—1981 年，任南开大学中文系教授。著有《中国上古音乐史论丛》《语音学论文集》《战国策笺注》等。

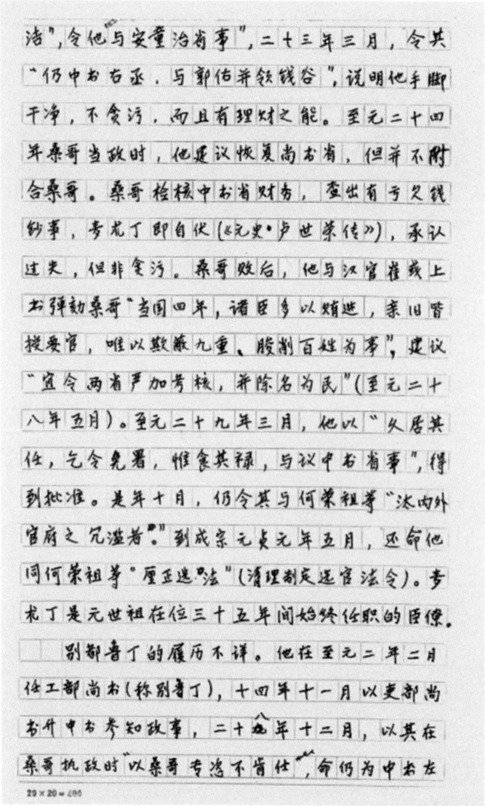

洁”，令他与安童治省事”，二十三年三月，令其“仍中书右丞，与郭佑并领钱谷”，说明他手脚干净，不贪污，而且有理财之能。至元二十四年桑哥当政时，他建议恢复尚书省，但并不附合桑哥。桑哥检核中书省财务，查出有亏欠钱钞事，麦术丁即自伏（《元史·卢世荣传》），承认过失，但非贪污。桑哥败后，他与汉官崔彧上书弹劾桑哥“当国四年，诸臣多以贿进，亲旧皆授要官，唯以欺蔽九重、朘削百姓为事”，建议“宜令两省严加考核，并除名为民”（至元二十八年五月）。至元二十九年三月，他以“久居其任，乞令免署，惟食其禄，与议中书省事”，得到批准。是年十月，仍令其与何荣祖等“汰内外官府之冗滥者。”到成宗元贞元年五月，还命他同何荣祖等“厘正选法”（清理制定选官法令）。麦术丁是元世祖在位三十五年间始终任职的臣僚。

别都鲁丁的履历不详。他在至元二年二月任工部尚书（称别鲁丁），十四年十一月以吏部尚书升中书参知政事，二十八年十二月，以其在桑哥执政时“以桑哥专恣不肯仕”，命仍为中书左

29×20=400

杨志玖先生手迹

杨志玖（1915—2002）

历史学家。1941 年后，历任西南联合大学教员，南开大学教员、副教授、教授。专于蒙元史、隋唐史、回族史、中西交通史研究。著有《马可·波罗在中国》《元代回族史稿》等。

南开大学中文系

论七律（续）　王达津

十一、起句结句得不对

一般七律起句、结句得不对，更好自然起步写景记事中寓情。起势比二、三联稍平，是入典句，如杜牧《九日齐山登高》："江涵秋影雁初飞，与客携壶上翠微。"像离云初展，含意未宣，下联才写旷达感慨之情，暗点九日登高，云："尘世难逢开口笑，菊花须插满头归。"许浑《咸阳城东楼》起云："一上高城万里愁，蒹葭杨柳似汀洲。"起实起"蒹葭杨柳似汀洲"那样的怀乡之情。接联进一步写似汀洲的特殊感受，云："溪云初起日沉阁，山雨欲来风满楼。"杜牧诗三联写自遣云："但将酩酊酬佳节，不用登临恨落晖。"结联以感慨排遣作结云："古往今来只如此，牛山何必泪沾衣。"以不尽感慨写感慨，

20×15＝300　第 1 页

王达津先生手迹

王达津（1916—1997）

中国古典文学研究专家。1952年，到南开大学中文系任教，历任南开大学副教授、教授、古籍整理研究所副所长，从事古代文论及唐代文学的教学和研究。著有《古代文学理论研究论文集》《唐诗丛考》等。

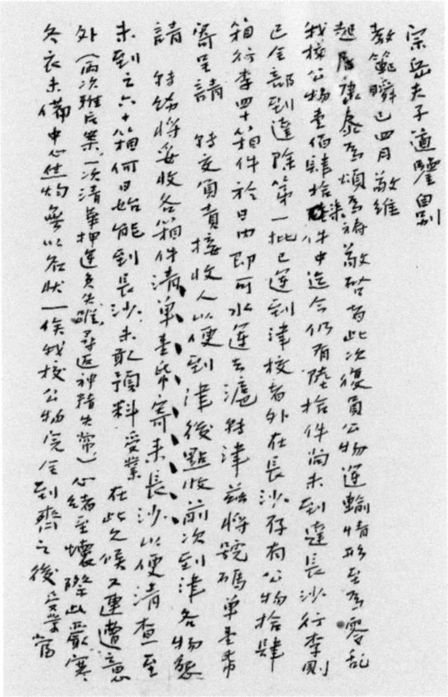

宗岳夫子道鑒：奉別
教範，暌違四月，敬維
起居康泰為頌為禱。敬啟者，此次復員公物運輸情形至為零亂，
我校公物壹佰肆拾柒件中，迄今仍有陸拾件尚未到達長沙，行李則
已全部到達。除第一批已運到津校者外，在長沙存有公物拾肆
箱、行李四十箱件，於日內即可水運去滬轉津。茲將號碼單壹帋
寄呈，請
特交負責接收人，以便到津後點收。前次到津各物，係
請
特飭將每收各箱件清單壹紙寄來長沙，以便清查。至
未到之六十箱何日始能到長沙，未敢預料。受業在此久候，又連遭意
外（兩次離長，一次清華押運員失蹤，尋返神經失常），心緒至壞，際此嚴寒，
冬衣未備，中心焦灼無以名狀。一俟我校公物完全到齊之後，受業當

申泮文先生致邱宗岳先生信函

申洋文（1916—2017）

化学家、教育家。1946—1959年，任南开大学化学系教员、副教授；1952年，任第一任无机化学教研室主任；1978年起，任南开大学化学学院教授。主持编著《无机化学》《基础无机化学》等。

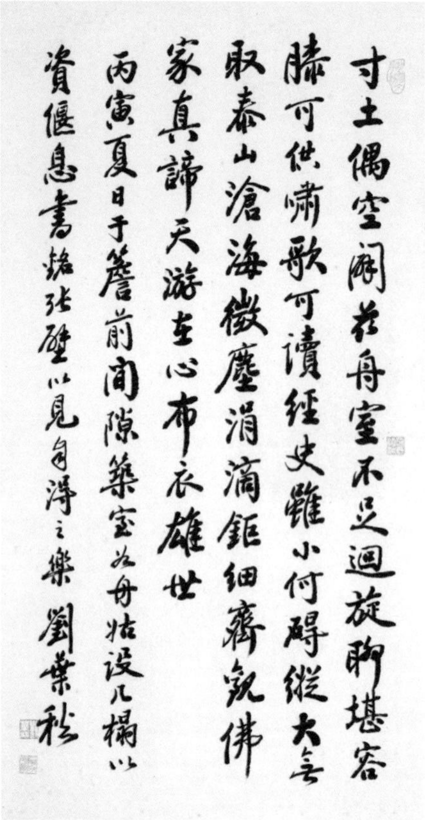
寸土偶空闊於舟室不足迴旋聊堪容
膝可供嘯歌可讀經史雖小何礙縱大含
取泰山滄海微塵涓滴鉅細齊觀佛
家真諦天遊在心布衣雄世
丙寅夏日于簷前閒隙築室如舟姑設几榻以
資偃息書銘張壁以見自得之樂 劉葉秋

刘叶秋先生手书《如舟室铭》

刘叶秋（1917—1988）

语言学家、中国古典文学研究专家。1980 年，被聘为南开大学中文系兼职教授。多年来致力于古代辞书、笔记小说的研究，为修订本《辞源》三位主编之一。著有《古典小说笔记论丛》《历代笔记概述》《中国字典史略》《编辑的语文修养》等。

严志达（1917—1999）

数学家。1952—1985年，任南开大学数学系教授；1985年后，任南开数学研究所教授。著有《李群与微分几何》《半单纯李代数表示论》等。

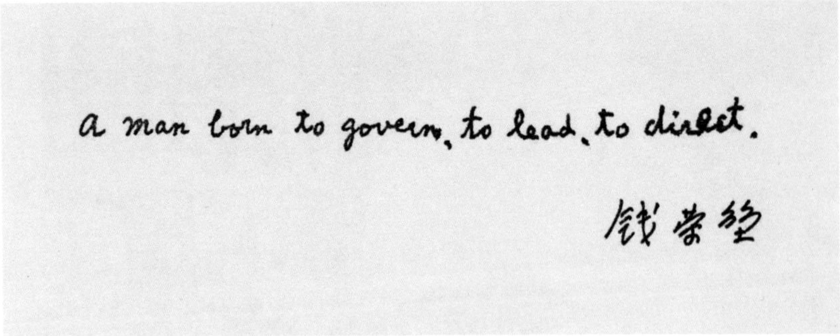

a man born to govern, to lead, to direct.

钱荣堃

钱荣堃先生手迹

钱荣堃（1917—2003）

经济学家、国际金融学家。中国第一个国际金融硕士点创办者，被誉为“中国式 MBA 学位之父”。 1951 年，到南开大学任教，历任南开大学经济研究所副所长、金融学系系主任。著有《国际金融专题研究》《国际金融专论》等。

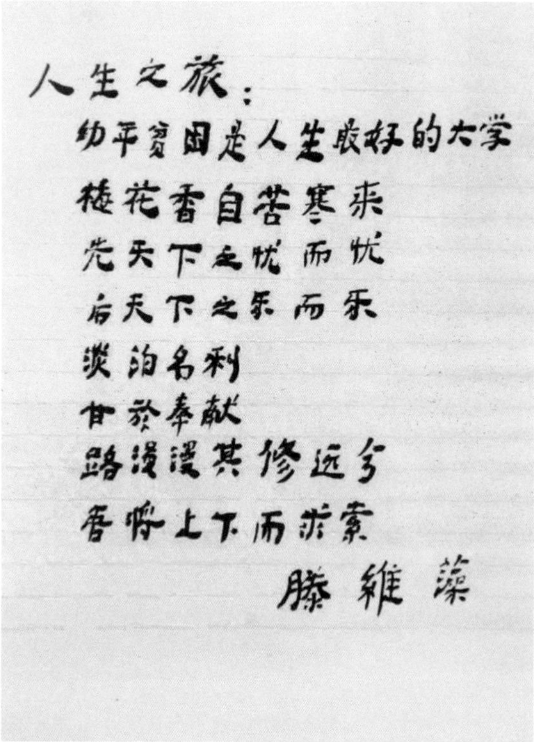

人生之旅：

幼年贫困是人生最好的大学

梅花香自苦寒来

先天下之忧而忧

后天下之乐而乐

淡泊名利

甘于奉献

路漫漫其修远兮

吾将上下而求索

滕維藻

滕维藻先生手迹

滕维藻(1917—2008)

教育家、经济学家。1944 年，毕业于南开大学经济研究所，获经济学硕士学位。1946 年，受聘于南开大学，长期从事世界经济教学与研究工作，是我国世界经济学研究的开拓者、跨国公司理论的奠基人。1981—1986 年，任南开大学校长。

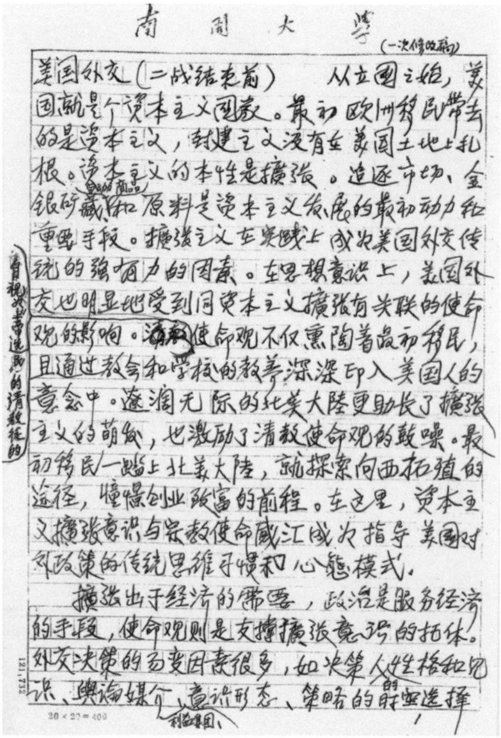

南開大學

（一次修改稿）

美国外交（二战结束前） 从立国之始，美国就是个资本主义国家。最初欧洲移民带去的是资本主义，封建主义没有在美国土地上扎根。资本主义的本性是扩张。追逐市场、金银矿藏和原料是资本主义发展的最初动力和重要手段。扩张主义在实践上成为美国外交传统的强有力的因素。在思想意识上，美国外交也明显地受到同资本主义扩张有关联的使命观的影响。自视为上帝选民的清教徒的使命观不仅熏陶着最初移民，且通过教会和学校的教养深深印入美国人的意念中。辽阔无际的北美大陆更助长了扩张主义的萌发，也激励了清教使命观的鼓噪。最初移民一踏上北美大陆，就探索向西拓殖的途径，憧憬创业致富的前程。在这里，资本主义扩张意识与宗教使命感汇成为指导美国对外政策的传统思维习惯和心态模式。

扩张出于经济的需要，政治是服务经济的手段，使命观则是支撑扩张意识的载体。外交决策的易变因素很多，如决策人性格和见识、舆论媒介、利益集团、意识形态、策略的时空选择

杨生茂先生手迹

杨生茂（1917—2010）

历史学家。南开大学美国史学科的创建人。1947 年，到南开大学历史系任教；1964 年，创建南开大学美国史研究室。共同主编六卷本《美国通史》，著有《探径集》等。

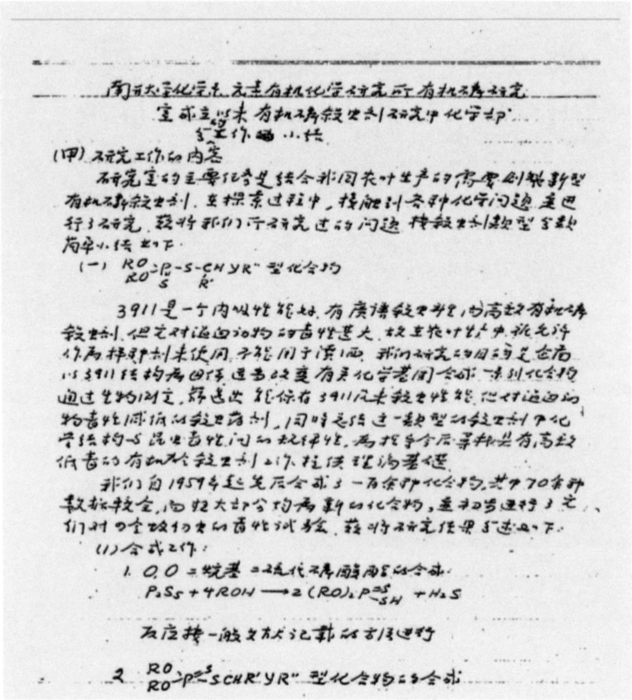

南开大学化学系、元素有机化学研究所有机磷研究室成立以来有机磷杀虫剂研究中化学部分工作小结

(甲) 研究工作的内容

研究室的主要任务是结合我国农业生产的需要创制新型有机磷杀虫剂，在探索过程中，接触到各种化学问题，也进行了研究。兹将我们所研究过的问题按杀虫剂类型分别扼要小结如下。

(一) $(RO)_2P(=S)-S-CH(R')YR''$ 型化合物

3911是一个内吸性能好、有广谱杀虫活性、高效有机磷杀虫剂，但它对温血动物的毒性甚大，故在农业生产中很难作为拌种剂来使用，不能用于喷洒。我们研究的目的是企图以3911结构为母体，适当改变有关化学基团合成一系列化合物，通过生物测定，筛选出能保有3911原来杀虫性能，但对温血动物毒性降低的杀虫药剂，同时总结这一类型的杀虫剂中化学结构与杀虫毒性间的规律性，为我们今后寻找具有高效低毒的有机磷杀虫剂工作提供理论基础。

我们自1959年起先后合成了一百余种化合物，其中70余种数据较全，而绝大部分均为新的化合物，并初步进行了它们对四种主要害虫的毒性试验。兹将研究结果分述如下。

(1) 合成工作：

1. O,O-二烷基二硫代磷酸酯的合成

$$P_2S_5 + 4ROH \longrightarrow 2(RO)_2P(=S)SH + H_2S$$

反应按一般文献记载的方法进行

2. $(RO)_2P(=S)SCHR'YR''$ 型化合物的合成

陈天池先生手迹

陈天池（1918—1968）

化学家。1951—1968年，任南开大学化学系教授、分析化学教研室主任、系副主任；1960—1962年，任南开大学物理二系总支书记兼系主任；1962—1968年，任南开大学元素有机化学研究所总支书记兼副所长。合译《新磷酸酯类杀虫剂的进展》《有机磷毒剂》等。

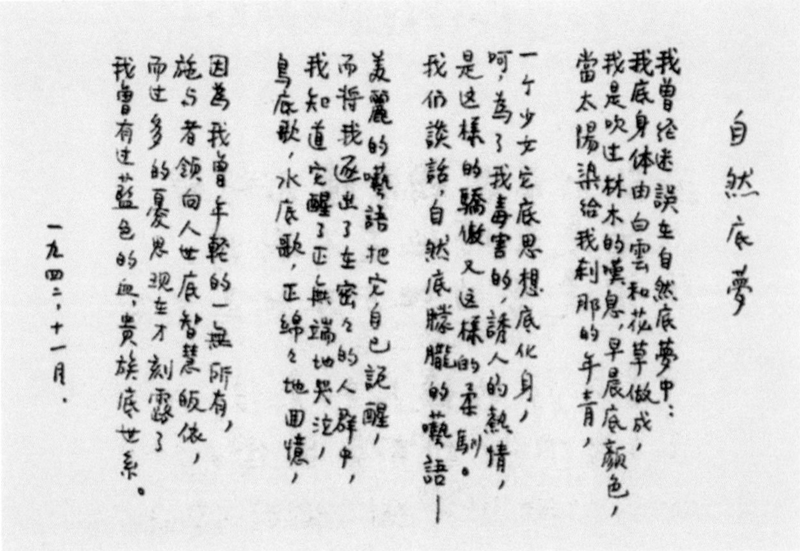

自然底夢

我曾经迷誤在自然底夢中：
我底身体由白雲和花草做成，
我是吹过林木的嘆息，早晨底顏色，
當太陽染给我剎那的年青，

一个少女它底思想底化身，
呵，為了我毒害的，誘人的熱情，
是这樣的驕傲又这樣的柔劇。
我们談話，自然底朦朧的囈語——

美麗的囈語把它自己說醒，
而將我逐出了在密密的人群中，
我知道它醒了正無端地哭泣，
鳥底歌，水底歌，正綿綿地回憶，

因為我曾年輕的一無所有，
施與者領向人世底智慧皈依，
而过多的憂思现在才刻露了
我曾有过藍色的血，貴族底世系。

一九四二，十一月。

查良铮先生手迹

查良铮(1918—1977)

笔名穆旦。诗人、翻译家。“九叶诗派”的代表诗人。1929 年，入南开中学读书；1942 年，在西南联合大学以助教的身份报名参加中国入缅远征军；1953 年，任南开大学外文系副教授。著有新诗集《探险队》《穆旦诗集(1939—1945)》《旗》等，译有《普希金抒情诗集》《雪莱抒情诗选》《唐璜》等。

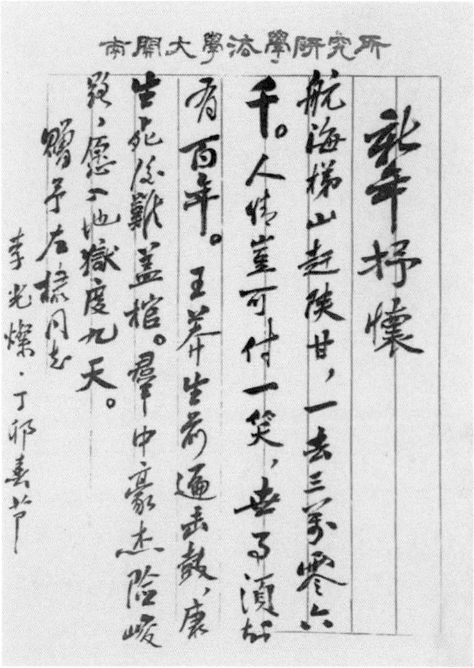

南開大學法學研究所

新年抒懷

航海梯山赴陕甘，一去三万零六千。人情岂可付一笑，世事须知有百年。王莽生前逼赤数，康生死后戮盖棺。群中豪杰险峻殁，愿下地狱度九天。

赠子右棣同志

李光灿·丁卯春节

李光灿先生手迹

李光灿（1918—1988）

法学家。1985 年，调入南开大学，领衔成立南开大学法学研究所并担任名誉所长。著有《论共犯》《我国公民的基本权利和义务》等，主编《中华人民共和国刑法论》《中国刑法通史》《马克思恩格斯法律思想史》等。

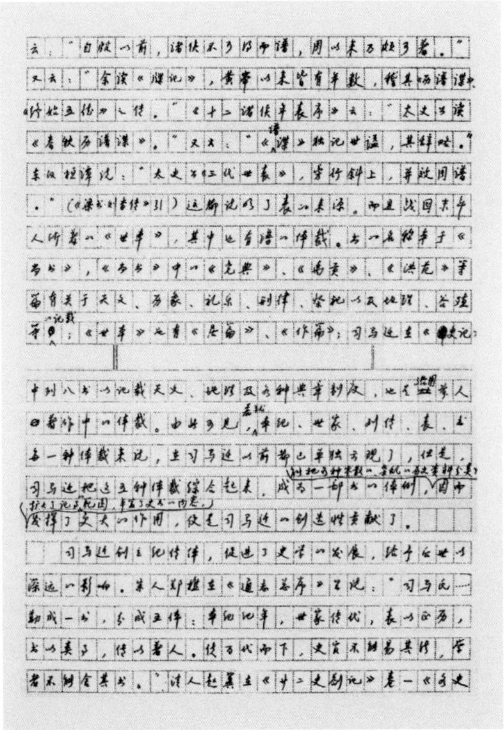

云："自殷以前，诸侯不可得而谱，周以来乃颇可著。"又云："余读《谍记》，黄帝以来皆有年数，稽其历谱谍终始五德之传。"《十二诸侯年表序》云："太史公读《春秋历谱谍》。"又云："《谱谍》独记世谥，其辞略。"东汉桓谭说："太史公《三代世表》，旁行邪上，并效周谱。"（《梁书·刘杳传》引）这说明了表的来源。而且战国末年人所著的《世本》，其中也有谱的体裁。古代的历史书《尚书》，《尚书》中的《尧典》、《禹贡》、《洪范》等篇有关于天文、历象、礼乐、刑律、祭祀以及地理、谷殖等的记载；《世本》也有《居篇》、《作篇》；司马迁在《史记》中列八书以记载天文、地理及各种典章制度，也是沿用前人旧著作中的体裁。由此可见，本纪、世家、列传、表、书每一种体裁来说，在司马迁以前都已单独出现了，但是，司马迁把这五种体裁综合起来，成为一部书的体例，因而扩大了记述范围，丰富了史书的内容，发挥了史书的作用，这是司马迁的创造性贡献了。

司马迁创立纪传体，促进了史学的发展，给予后世以深远的影响。宋人郑樵在《通志总序》里说："司马氏……勒成一书，分为五体：本纪纪年，世家传代，表以正历，书以类事，传以著人。使百代而下，史官不能易其法，学者不能舍其书。"清人赵翼在《廿二史劄记》卷一《各史

杨翼骧先生手迹

杨翼骧（1918—2003）

历史学家。1953年，调入南开大学历史系任副教授，1979年任教授。著有《秦汉史纲要》《中国史学史资料编年》《学忍堂文集》等，共同主编《中国历史大辞典·史学史卷》。

何炳林（左）与陈茹玉（右）夫妇

何炳林（1918—2007）

化学家。被誉为“离子交换树脂之父”。1956年，到南开大学任教；1958年，创建南开大学化学系高分子教研室和化工厂，并兼任教研室主任，主持建立了南开大学高分子学科。合著《吸附树脂》《离子交换与吸附树脂》等。

何炳林（右）与陈茹玉（左）夫妇

陈茹玉（1919—2012）

化学家。1956年，到南开大学任教；1958年，主持南开大学化学系农药和有机磷研究室的组织和筹建工作，并任该室主任；1979年，任南开大学元素有机化学研究所副所长，1981年任所长。编著有《有机磷化学》《农药化学》等。

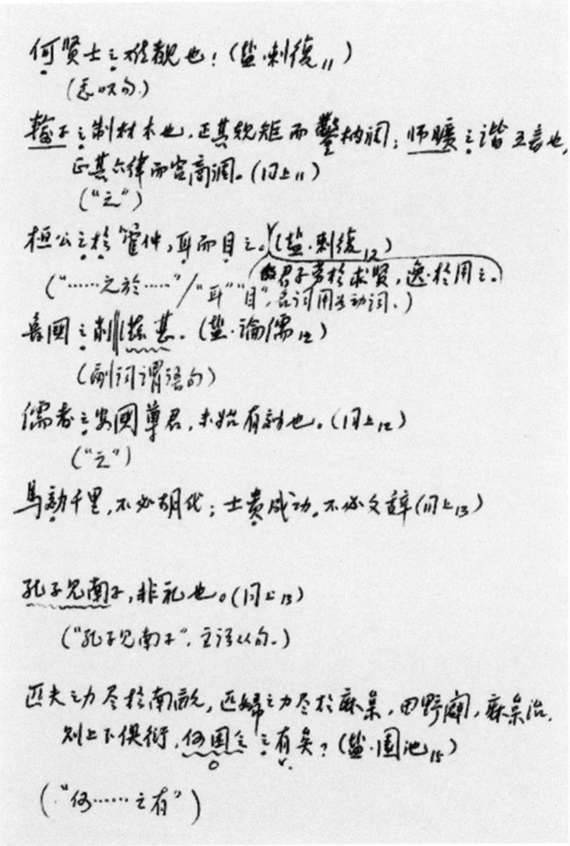
何贤士之於觀也！（盐·刺復11）
（感叹句）
搖工之制材木也，正其規矩而鑿枘調；師曠之諧五音也，正其六律而宮商調。（同上11）
（"之"）
桓公之於管仲，耳而目之。（盐·刺復12）
君子勞於求賢，逸於用之。
（"……之於……"/"耳""目"，名词用为动词。）
魯國之削滋甚。（盐·論儒12）
（副词谓語句）
儒者之安國尊君，未始有效也。（同上12）
（"之"）
馬効千里，不必胡代；士貴成功，不必文辞（同上13）
孔子見南子，非礼也。（同上13）
（"孔子見南子"，主语从句。）
匹夫之力尽於南亩，匹婦之力尽於麻枲，田野闢，麻枲治，則上下俱衍，何困乏之有矣？（盐·園池15）
（"何……之有"）

马汉麟先生手迹

马汉麟（1919—1978）

语言学家。1954 年，调入南开大学中文系讲授古代汉语；历任南开大学中文系讲师、副教授、语言学教研室主任、校学术委员会委员、教授。著有《语法概要》《古代汉语读本》《古汉语语法提要》《马汉麟语言文字论集》等。

陈荣悌（1919—2001）

化学家。1954年，任南开大学教授、化学系副系主任、络合物化学研究室主任。著有《配位化学中的相关分析》《化学热力学》等。

魏埙（1919—2004）

经济学家。1952—1972年，历任南开大学经济学系政治经济学教研室副主任、主任；1956—1958年，任校长办公室主任；1972—1984年，任经济学系系主任。著有《〈资本论〉的理解与启示》《垄断资本主义的过去与现在》《现代经济学论纲》等。

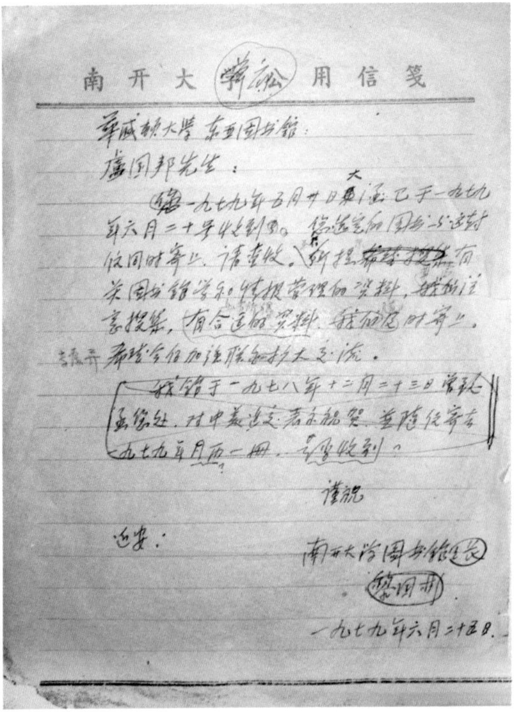

南开大学（图书馆）用信笺

华盛顿大学 东亚图书馆：

卢国邦先生：

您一九七九年五月廿日大函已于一九七九年六月二十号收到。您选定的图书与这封信同时寄上，请查收。所提有关图书馆学和情报管理的资料，我馆注意搜集，有合适的资料，我馆及时寄上。

请并希望今后加强联系扩大交流。

我馆于一九七八年十二月二十三日曾致函贵处，对中美建交表示祝贺，并随信寄去一九七九年月历一册，谅已收到。

谨祝

近安：

南开大学图书馆馆长

黎国彬

一九七九年六月二十五日。

黎国彬先生手迹

黎国彬（1920—2003）

翻译家、历史学家。精通英语、法语、俄语和日语，能笔译德语、西班牙语等多种语言。1942 年，任南开大学文学院助教；后历任南开大学地质地理系系副主任、南开大学图书馆馆长等。译著有《尼加拉瓜史》《十五至十九世纪非洲的奴隶贸易》等。

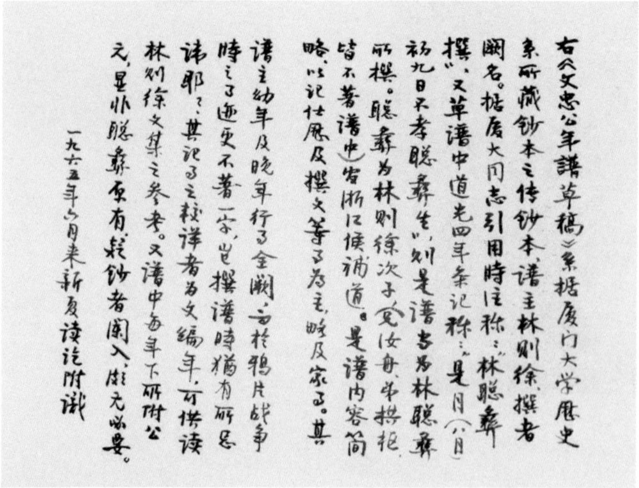

右《文忠公年谱草稿》系据厦门大学历史
系所藏钞本之传钞本，谱主林则徐，撰者
阙名。据厦大同志引用时注称："林聪彝
撰"，又草谱中道光四年条记称："是月（八月）
初九日不孝聪彝生"，则是谱当为林聪彝
所撰。聪彝为林则徐次子（兄汝舟、弟拱枢，
皆不著谱中）官浙江候补道。是谱内容简
略，以记仕历及撰文等事为主，略及家事。其
谱主幼年及晚年行事全阙，而于鸦片战争
时之事迹更不著一字，岂撰谱时犹有所忌
讳耶？其记事之较详者为文编年，可供读
林则徐文集之参考。又谱中每年下所附公
元，是此聪彝原有，疑钞者阑入，殊无必要。
一九六五年六月来新夏读讫附识

来新夏先生手迹

来新夏（1923—2014）

历史学家、方志学家、图书文献学家。被誉为“纵横三学”的学者。1951 年到南开大学任教，曾任南开大学历史系教授、校务委员、图书馆馆长、图书馆学情报学系主任、出版社社长兼总编辑等。著有《北洋军阀史》《古典目录学》《近三百年人物年谱知见录》《书目答问汇补》《方志学概论》《古籍整理讲义》等。

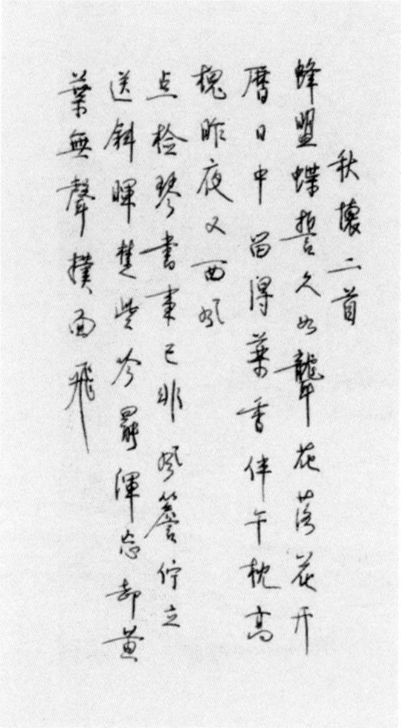

秋懷二首
蜂盟蝶誓久如聾花落花开
曆日中留得藥香伴午枕高
槐昨夜又西風
点檢琴書事已非風簷佇立
送斜暉楚些吟罷渾忘卻黃
葉無聲撲面飛

许政扬先生手迹

许政扬先生临摹宋朱惟德《江亭揽胜图》

许政扬（1925—1966）

中国古典小说专家。1952年，到南开大学中文系任教，讲授中国文学史、宋元文学史、元曲等课程。校注冯梦龙编《古今小说》，著有《许政扬文存》。

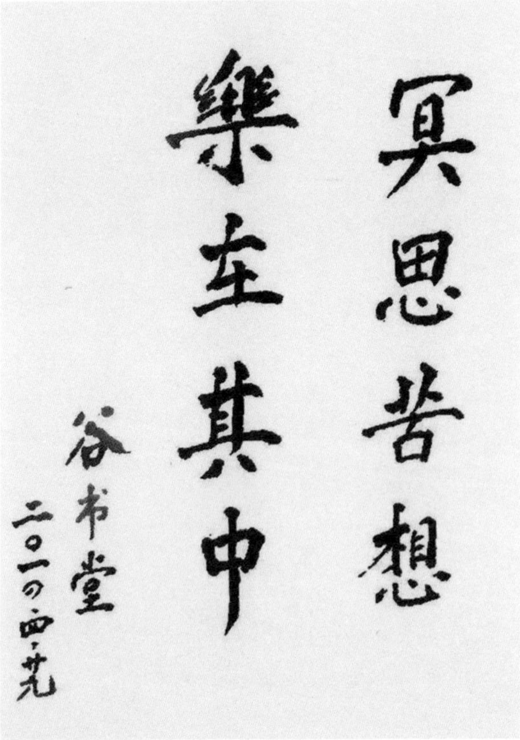

谷书堂先生手迹

谷书堂（1925—2016）

经济学家、教育家。1950 年，从南开大学经济学系毕业后留校任教；1979 年，任南开大学经济研究所第一副所长；1983 年，南开大学经济学院重建后任首任院长并兼任经济研究所所长。著有《社会主义经济学通论》等。

熊性美（1926—2015）

经济学家。1952 年毕业后留校，在南开大学金融系和经济系任教；1958 年转入南开大学经济研究所；1984 年，任经济研究所所长；1987—1997 年，历任国际经济研究所执行所长、所长。著有《战后国家垄断资本主义条件下的经济周期与危机》《中国外向型发展战略》等，共同主编《开滦煤矿矿权史料》。

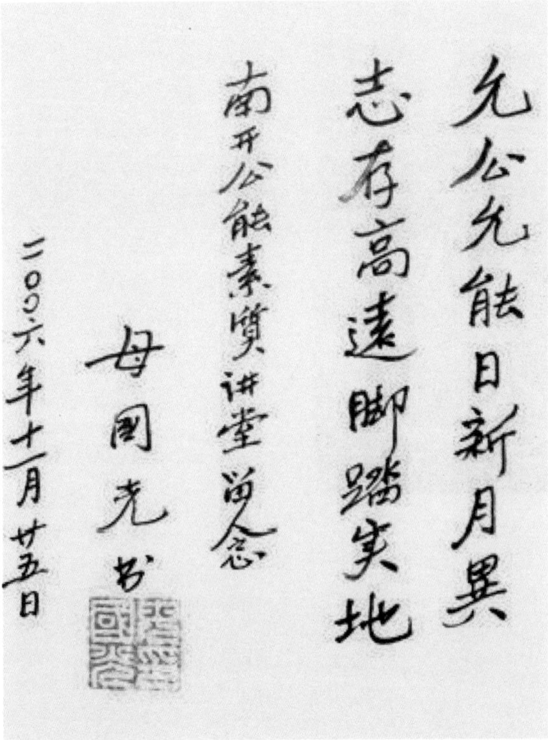

母国光先生手迹

母国光（1931—2012）

光学家。1952 年，毕业于南开大学物理系后留校任教；1959 年，兼任南开大学光学教研室主任；1982 年，任南开大学物理系副主任；1984 年，任南开大学物理系主任，同年创建南开大学现代光学研究所并任所长；1986 年—1995 年，任南开大学校长。编著有《光学》等。

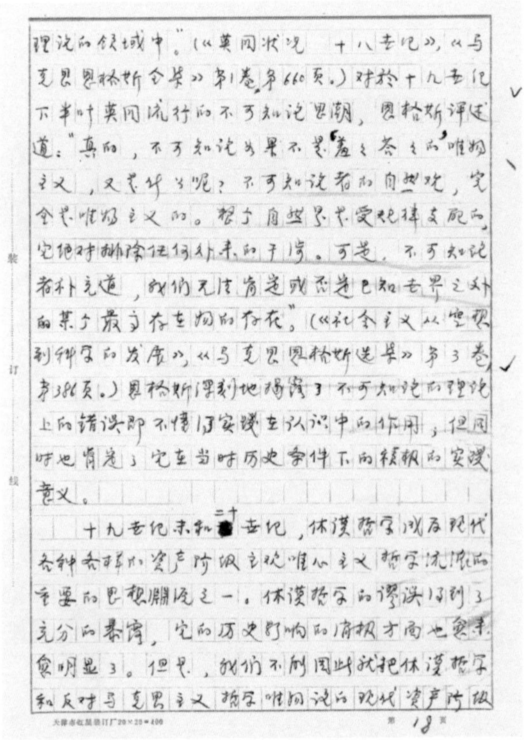
理论的领域中。"（《英国状况 十八世纪》，《马克思恩格斯全集》第1卷，第660页。）对于十九世纪下半叶英国流行的不可知论思潮，恩格斯评述道："真的，不可知论如果不是羞羞答答的唯物主义，又是什么呢？不可知论者的自然观，完全是唯物主义的。整个自然界是受规律支配的，它绝对排除任何外来的干涉。可是，不可知论者补充道，我们无法肯定或否定已知世界之外的某个最高存在物的存在。"（《社会主义从空想到科学的发展》，《马克思恩格斯选集》第3卷，第386页。）恩格斯深刻地揭露了不可知论的理论上的错误即不懂得实践在认识中的作用；但同时也肯定了它在当时历史条件下的积极的实践意义。

十九世纪末和二十世纪，休谟哲学成为现代各种各样的资产阶级主观唯心主义哲学流派的重要的思想渊源之一。休谟哲学的谬误得到了充分的暴露，它的历史影响的消极方面也愈来愈明显了。但是，我们不能因此就把休谟哲学和反对马克思主义哲学唯物论的现代资产阶级

装 订 线

天津市红星装订厂20×20=400　第18页

冒从虎先生手迹

冒从虎（1933—1989）

哲学家。1960年，到南开大学哲学系任教；1985—1989年，任南开大学哲学系副主任。著有《德国古典哲学——近代德国的哲学革命》《欧洲哲学明星思想录》《潜意识·直觉·信仰——当代中国学者论非理性成份》等，主编《欧洲哲学通史》。

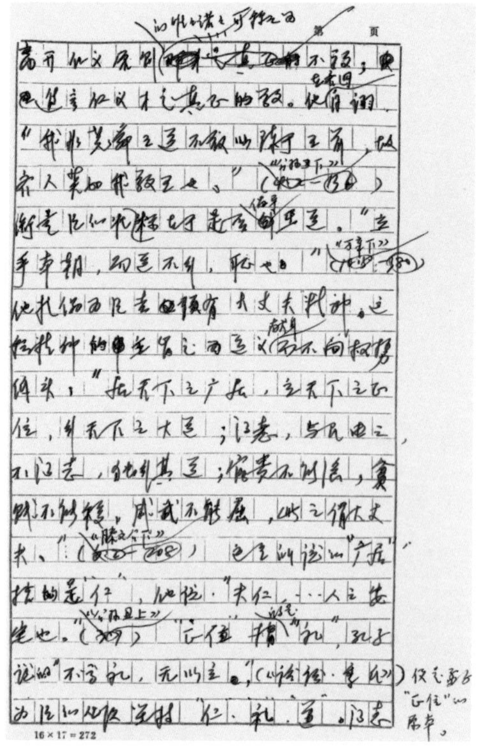

刘泽华先生手迹

刘泽华（1935—2018）

历史学家、中国政治思想史研究著名学者。1957年入读南开大学历史系，翌年留校任教。曾任南开大学历史系系主任、南开大学学术委员会委员等。2012年，荣获南开大学“荣誉教授”称号。长期致力于先秦史、中国古代政治思想史、政治史、知识分子史、历史认识论等方面的研究。著有《先秦政治思想史》《中国传统政治思想反思》《中国的王权主义》《洗耳斋文稿》《士人与社会》《中国政治思想通史》《八十自述》等。

图书在版编目(CIP)数据

南开先生 /《南开先生》编辑组编著. —天津：南开大学出版社，2019.9(2020.1 重印)
ISBN 978-7-310-05867-9

Ⅰ. ①南… Ⅱ. ①南… Ⅲ. ①南开大学—教师—人物研究 Ⅳ. ①K825.46

中国版本图书馆 CIP 数据核字(2019)第 179840 号

南开大学出版社出版发行
出版人:陈　敬
地址:天津市南开区卫津路 94 号　　邮政编码:300071
营销部电话:(022)23508339　23500755
营销部传真:(022)23508542　　邮购部电话:(022)23502200
*
北京隆晖伟业彩色印刷有限公司印刷
全国各地新华书店经销
*
2019 年 9 月第 1 版　　2020 年 1 月第 2 次印刷
185×147 毫米　32 开本　7.5 印张　2 插页　85 千字
定价:68.00 元

如遇图书印装质量问题,请与本社营销部联系调换,电话:(022)23507125